ÉTUDES CONTEMPORAINES

L'ARMÉE D'HENRI V

LES
BOURGEOIS-GENTILSHOMMES

TYPES NOUVEAUX ET INÉDITS

POUR FAIRE SUITE

AUX BOURGEOIS-GENTILSHOMMES DE 1871

PAR

A<small>DOLPHE</small> **BOUILLET**

PARIS
LIBRAIRIE GERMER BAILLIÈRE
RUE DE L'ÉCOLE-DE-MÉDECINE, 17
1873

L'ARMÉE D'HENRI V

LES

BOURGEOIS-GENTILSHOMMES

TYPES NOUVEAUX ET INÉDITS

DU MÊME AUTEUR :

L'armée d'Henri V. — Les Bourgeois-gentilshommes de 1871. 1 vol. in-18.................. 3 fr. 50

L'ARMÉE D'HENRI V

LES
BOURGEOIS-GENTILSHOMMES

TYPES NOUVEAUX ET INÉDITS

POUR FAIRE SUITE

AUX BOURGEOIS-GENTILSHOMMES DE 1871

PAR

Adolphe **BOUILLET**

PARIS
LIBRAIRIE GERMER BAILLIÈRE
RUE DE L'ÉCOLE-DE-MÉDECINE, 17
1873

Tous droits réservés.

PRÉFACE

En signant aujourd'hui ces quelques feuilles, d'un seul coup et même je signe celles qui ont paru anonymes, l'année dernière, sous le même titre : *L'armée d'Henri V.* — *Les Bourgeois-gentilshommes de* 1871.

Il n'est de personnalités ni dans les unes, ni dans les autres. Est-il besoin de l'affirmer encore, après avoir donné, comme je l'ai fait longuement dans la première préface, les procédés et les conditions de semblables compositions? Tant de gens me sont venus dire : allons, voyons, entre nous, tel type n'est-ce pas un tel? Je ne ne vous demande que celui-là. Pour tous les autres, je sais à quoi m'en tenir. J'avais beau répondre que là, comme en peinture, il ne s'agissait pas de copier servilement la nature, fût-on le plus superstitieux des réalistes, que la nature et les réalités, il les fallait avoir vues, sans doute, et bien su voir, mais pour les faire entrer dans ses conceptions comme éléments de vérité et de vie, non pour les reproduire exactement. J'avais l'air de faire du discret et du réservé. Parbleu, me disait un Bourguignon de mes amis, je les connais tous, vos originaux, ils sont de la Côte-d'Or. Vous les avez croqués pendant la campagne autour de Dijon. Ah! il ne m'en manque pas un de ma collection de hobereaux francs-comtois! Venez passer avec moi une saison de chasse en Franche-Comté, et je vous les montrerai tous. Vous verrez si j'ai deviné juste, s'écriait un autre. Un monsieur du Morbihan s'est plaint amèrement à moi d'avoir été tympanisé, lui et les siens. Un autre, des Cévennes celui-là, habite, prétend-il, l'Abergement-sur-Rioni, est l'un de ces Messieurs de l'Abergement avec tous ses amis autour de lui. J'ai parcouru les Cévennes à pied, et ne me suis arrêté un jour entier en aucun endroit. Je n'ai jamais vu le Morbihan.

S'il est encore de ces convictions obstinées parmi ceux qui ont lu les *Bourgeois-gentils-hommes de* 1871, il ne me reste qu'à les renvoyer à toutes les notices littéraires sur la Bruyère et sur Molière. Dans l'année où le livre de la Bruyère a paru, il a été publié cinq clefs de la Bruyère, cinq interprétations différentes et contradictoires des personnages. La critique judicieuse a depuis longtemps fait justice de ces commentaires aussi oiseux, aussi aventureux qu'ils sont inutiles et stériles, et il y a encore des commentateurs pour mettre un nom propre sur Alceste ou sur Oronte. Qu'y faire? Aux psychologues et aux physiologistes à décider.

Paris, octobre 1872.

ADOLPHE BOUILLET.

LES
BOURGEOIS-GENTILSHOMMES

TYPES NOUVEAUX ET INÉDITS

M. PRÉTÉRIT DE COVILLE

Mon bel Albin, mon doux Prétérit, ma chère petite Coville d'amour, avez-vous bien tout ce qu'il vous faut ? Voyons, regardez votre Miette, mon Coville. Cette cravate ?

Coiffé d'une copieuse calotte de velours rouge amoureusement soutachée par sa femme de mille capricieuses arabesques; un dessus de verre de lampe; le bonhomme, digne et automatique lenteur, tournait une longue tête étirée en cou de tortue, tout papelonné de rides, méplats miroitants, grises rugosités, filets de peau amenuisés et desséchés en cordes à violon. Ses lèvres pâles, pendantes, sans plus de ressort, ébauchaient un sourire gluant sur le pâlis délabré de ses dents inégales, jaunes et égrignées.

Rallumer, sous sa paupière molle et diffuse, un regard dans son œil de faïence, vitreux, éteint et noyé d'eau, il l'eût voulu.

La routine, l'inertie, l'inappétence, suite naturelle d'un régime moral sans idéal, sans élan, sans but et sans horizon, n'avait guère laissé qu'un souffle de vie et d'animation dans cet organisme atrophié, jour par jour, pendant longues années.

Prétérit, pourtant, n'en était pas encore à l'âge de la caducité. A peine passait-il la soixantaine.

L'Oriental, hébété de flasques rêveries, égrène sans défaillance les gros grains d'ambre de son chapelet arménien. Albin roulait machinalement sur le marbre de la cheminée, entre ses doigts décolorés et sans vigueur, une tabatière d'argent oblongue et polie, qui glissait sur le côté, d'un pôle à l'autre, pour revenir à son point de départ et recommencer son manége sans fin.

Pendant ce temps-là, le bonhomme, simplesse et docilité d'enfant, se laissait passer en revue, des pieds à la tête, par une petite femme rondelette, la gorge battant la campagne en un corset bouffi ; le menton rouge vif, un oignon sur une blanche collerette ; l'œil encore alerte, quoique résigné à ne plus appeler l'amour.

— Oui, c'est ça. — Mais ce col est décidément trop roide. Et le bonhomme, de toute la force de sa mâchoire inférieure, essayait de dompter l'humeur rebelle de son faux-col surempesé dans une cravate noire, montée haut sur un carcan de carton.

— J'y mettrai ordre, reprit la voix câline d'un ton de maternelle gâterie. Il y aura moins d'empois dans les prochains. — Voilà, je les voudrais de neige pour ma gentille Coville d'amour. S'il y manque de l'empois, c'est terne, gris, ce n'est plus ça. Un peu d'alun, un peu d'empois, juste ce qu'il faut, mais tout ce qu'il faut, et puis c'est ça.

La petite femme prit le bonnet de velours, le posa sur la cheminée, et présenta au bonhomme sa canne et son chapeau.

— Allez faire votre tournée du matin, et puis revenez-moi à onze heures précises, bien précises.

Prétérit s'achemina, jetant aux chiens ses jambes de bois ankylosées. Le marchand de tabac, le perruquier, le tailleur, eurent sa visite et son bonjour. Sa cueillette quotidienne de menus propos était faite. Il passa sur la Chevalerie, une belle promenade de l'Abergement-sur-Rioni (1). M. de la Chataigneraye, M. de Richomme, M. Gent de Préval, le petit Malebranche, Prensac, Dorval, toutes les cervelles stériles et brehaignes enfin de la gentilhommerie bourgeoise, étaient sous les armes, roulottant nonchalamment, les mains derrière le dos, et ressassant les histoires de tous les jours, avec intermèdes de cancans frais cueillis, ici ou là, par l'un ou par l'autre.

Ce fut pendant plus d'une heure la même manœuvre entre les grands arbres des quinconces. On avançait sur une ligne jusqu'au bout de l'allée; demi-tour, marche en retraite; demi-tour, marche en avant; et toujours ainsi. Quand l'horloge de la paroisse sonna onze heures moins un quart, toutes les têtes se relevèrent. On se sépara, chacun tirant du côté de son déjeuner.

Prétérit s'en revint donc, marchant avec le respect pour lui-même d'un beau qu'on a longtemps regardé. Prétérit, en effet, pour n'avoir jamais été précisément la coqueluche des femmes, avait

(1) Pour tous les détails relatifs à l'Abergement-sur-Rioni, comme pour ces Messieurs de l'Abergement, dont le nom reviendrait dans ces nouvelles scènes, voyez l'*Armée d'Henri V*. — *Les Bourgeois-Gentilshommes de 1871.*

néanmoins passé pour la fine fleur des pois de l'Abergement, élégant et bien fait dans tous les linéaments de son corps, sauf le nez, que toujours il avait eu en manche de rasoir. Prétérit était la gloire et l'orgueil de l'Abergement-sur-Rioni, de tout l'Abergement-sur-Rioni. Ouvriers, paysans, simples bourgeois, bourgeois à particule postiche, hommes, femmes, tous étaient fiers du beau Coville. Son histoire est une légende aux fastes de ce joli coin du bassin de la Loire.

Par le sang et la loi civile, il était Prétérit, comme son père, un honnête petit boucher de l'Abergement, pontife et sacrificateur de force moutons, veaux et cochons, dont l'art et l'industrie, pourtant, ne s'étaient jamais guindés jusqu'au bœuf et à la grosse boucherie. Le curé et la sacristie l'avaient consacré Albin et fait enfant de Dieu et de l'Eglise apostolique et romaine. Il avait été, par une espièglerie d'un de ses camarades, grand lecteur de Rabelais à la dérobée, proclamé Coville, un jour d'été, sur le pré, où chacun met habit bas à l'Abergement, pour se jeter et s'ébattre sur le fond sablé fin du Rioni.

Ce jour-là, sur le chaud du midi, tous les enfants de la balle se trouvaient exacts au rendez-vous, à l'orée de la rivière. Arrivé des premiers, rouge, essoufflé et suant, Albin Prétérit, en deux tours de main, avait lancé sur la pelouse, loin de lui, blouse, chemise, pantalon, bas et chaussures. Il était nu comme un ver, la cuisse de belle marge, blanc, poli, bien en chair, un vrai veau de dîme. C'était un garçon de vigoureuse pointure et forte maille, vert, sain, puissant; une aubépine en fleur. — Si rien ne venait à la traverse, il serait plus tard, à coup sûr, solide à porter un beffroi.

En le voyant si beau de sa robustesse et verte feuillade, un de ses camarades, maigre et sec comme l'indenchet ou un pendu d'été, à la chevelure in-folio, blondissante et crêpelue, sur une tête essorrillée, à la physionomie picaresque et comique, pleine de scurrilité et bouffonnerie, en resta tout estomaqué et pantois, mis par là en rêverie et véhémente contemplation. Son œil émerillonné allait, humilié et confus, des magnificences d'Albin à ses propres jambes de coq ballottantes sur des pieds impairs, à ses chairs boucanées et glabres, à son ventre creux, tout ainsi que violon et rebec, et son nez en flûte d'alambic demeurait immobile d'admiration sur sa large bouche fendue en tire-lire. Mais qu'a-t-il donc flairé d'inattendu? Sa figure anguleuse, aiguisée en navette, s'illumine et s'anime de tons goguenards, et sa mine se fait tout ahurie et quidditative, selon l'expression de Rabelais. Le voilà parti du côté d'Albin, à bride avalée, criant de tous ses poumons : Coville ! Coville ! Albin de se sauver dare dare, le goguenard de le poursuivre de sa voix glapissante : Coville ! Coville !

Albin, d'une fureur endiablée, brochait culbute sur culbute, à gauche, à droite, en avant, en arrière, les quatre fers en l'air et les jambes rebindaines. La voix glapissante allait toujours : Coville ! Coville ! On s'esclaffait de rire. A ce vacarme tumultuaire, toute la troupe se met en branle, à contremont de la prairie, tempêtueuse et hurlante.

Coville ! Coville ! La pelouse se remplit de ce nouveau cri de guerre. On se mêle. C'est un défi général, hyperbolique, abracadabran, de sauts, de légèretés acrobatiques et funambulesques. Nul ne s'y épargne, ne chôme. On se court sus de l'un à l'autre. Tout ce planté d'enfants drus et forts s'emporte en une folie et forcenerie de jeux éperdus. On s'accole à double rebras, lié et étrivé, on se tâte, s'ébranle. Rebuffades ici, taloches là, gourmades, plamussades, chiquenaudes, nasardes, anguillades de jonchée, c'est une rage. On fait flèche de tout bois. On tape torche, logne, à tort, à travers, d'estoc, de taille. On se pelaude, se secoue, comme salade en panier, on est battu à plate couture, comme linge à la rivière.

Qui mord, qui rue, on ne sait. Tous rient de bonne rate. Et toujours le cri de guerre autour d'Albin : Coville ! Coville !

Étourdi, ivre de clameurs et de mouvement, Prétérit se précipite vers la rivière, les mains jointes l'une contre l'autre, droites sur l'occiput, étalées en proue à fendre l'eau. Il pique une tête, et cache enfin sa pudeur dans le Rioni.

Tous sont à ses trousses. Tête piquée de ci ; plat-cul donné de là, les jambes croisées et ramassées en tailleur sur son établi ; saut, les pieds en avant, les bras collés au corps ; chacun suit son humeur. Les moins osés dégringolent, le long de la berge, jusqu'au Rioni. Et les cris recommencent : Coville ! Coville ! Il y en eut pour un quart d'heure.

Coville, Coville encore, sur le chemin, au retour, Coville, sur la cour, au collége. Prétérit démodé fit place à Coville. En ville, dans les maisons particulières, partout, on ne connut plus que Coville. Les paysans en vinrent à dire père Prétérit au petit boucher, et M. Coville à son fils. Le père Prétérit lui-même fit comme les autres et ne parla plus que de son garçon Coville, dont il avait plein la bouche, et qu'il chérissait plus que ses petits boyaux.

Albin, de bonne pâte et le cœur sur la main, loin de regimber contre le courant, et de prendre la chèvre, se laissa couler à la dérive, accepta sans mot dire, cette subite révolution dans son état civil.

On l'aimait tant parmi ses camarades, roturiers ou hobereaux de contrebande. Il était au jeu le plus fort et le plus agile, le plus appliqué et le plus intelligent à l'étude. D'humble et petite extrace, nul n'était sur le qui vive avec lui, ne prenait ombrage de sa supériorité. Point outrecuidant, simple, naïf, bon enfant dans la gloire et le triomphe, sans fièvre malsaine de primer et de prévaloir, tous, sans arrière-pensée, battaient des mains à ses succès de classe et de collége.

Entre les mamans elles-mêmes de la gentilhommerie postiche, les Richomme et les Prensac, de hauteur si ridicule ordinairement et si contrefaite, les plus sucrées, les plus ombrageuses, les plus exclusives, faisaient des avances à ce gentil Albin, l'admettaient sans réserve à leur table avec leurs fils. Tout pétillant de goût naturel, de mesure et d'entregent, quelque part qu'il se trouvât, dans les gentilhommières bourgeoises ou chez les artisans, Albin y était à son aise, à sa place, bienvenu de chacun, accordant spontanément ses flûtes à toute situation, sans vanité, sans plus regarder à la galerie.

Rien de précieux, de bluté, de vanné, de pointu en son langage, parmi ces mièvreries entêtées d'afféterie et de recherche, ces mœurs symétriques, méticuleuses et fausses, rabougries, de la gentilhommerie bigote et embéguinée. Ni modestie étudiée en Coville, ni gaucherie, ni maladresse pour se plier à ces allures empruntées d'un autre âge, ni contenance avilie, qui sentit son pied plat et sa condition ravalée, point d'arêtes anguleuses et épineuses non plus, point de ces regards de côté, défiants, d'un chien surpris emportant oiseau au plumail. Ni quant à soi guindé haut, ni pédanterie empesée avec les bonnes gens de l'Abergement, les ignorants et impérits. Partout il était également choyé, et personne ne s'est pu flatter d'être nulle part en meilleure posture que notre

Coville devant l'opinion publique de l'Abergement-sur-Rioni.

Les gens impourvus et presque dénués, d'ailleurs, ne l'eussent pris à contre-cœur, en le voyant, ni plus ni moins que leurs propres enfants grandis trop vite, de maigre et chétive garde-robe, courir dans les rues, sur le chemin du collége,

<small>Ses grègues aux genoux, au coude son pourpoint.</small>

Mais fut-il oncques si bon vin, qui pût être sans lie? Pour n'être point d'esprit méchant et dévoyé, Coville n'en était pas moins écolier, donc d'espiègle humeur parfois, de cerveau fantastique, rétif à ses heures, monté de fâcheux accès. Une bouffée de ce vert coquin et capricieux brio, l'esprit de la gent écolière et du rapin d'atelier, faillit perdre à jamais Coville aux yeux de son petit monde assotti de dévotieuses billevesées, et jeter à vau-l'eau sa singulière popularité.

On était alors en pleine Restauration, à l'époque la plus insolemment triomphante de la Congrégation et du jésuitisme en France. L'évêque Antoine Jacques de Homenaz devait, ce jour-là, donner la confirmation aux enfants de l'Abergement-sur-Rioni, un des]pâtis les plus gras de la pastorale tournée, les plus choyés du pantagruélique prélat, glouton comme Panurge, gourmand comme chat de dévote.

Quand, du haut de la chaire de vérité, le curé de l'Abergement avait, de sa voix la plus pénétrée, proclamé la bonne et heureuse nouvelle, l'opime venue de Monseigneur de Homenaz, toutes les imaginations s'étaient spontanément tournées aux soupes de prime, au gibier, à la volaille, aux pièces de bœuf imposantes et réjouissantes à l'œil, aux primeurs et choses rares, truites saumonées et brochets somptueux; aux fruits exquis, aux languettes et échinées de porc frais, aux condiments et épices, aiguillons de la soif et grands ramoneurs de gosier; aux vins perlés de rose ou tout jaunes de leurs reflets d'ambre doré. Ce fut une émulation et une frénésie, parmi les gentillâtres, pour héberger, reconforter, rengréger le benoît Homenaz, un courant de dons succulents et fantastiques provisions vers la cure, et, du soir au matin, un remue-ménage en la cuisine du presbytère, un véritable chaplis de vaisselle à grand orchestre. Ce zèle profitait au pasteur de la paroisse, de bonne heure pourvu par l'évêché du camail de chanoine honoraire. A défaut d'autres qualités, le ventripolent

Homenaz avait du moins la reconnaissance de l'estomac.

Homenaz gras, ventru, à plein bât, la joue mafflue, martelée de couleurs violentes, la bouche lippue, des lèvres d'ivrogne et de satyre; l'œil vairon sous un front écimé et chauve, tout aussi bien que l'évêque d'Autun au livre de Chamfort, semblait avoir été créé et mis au monde pour montrer jusqu'où peut aller la peau humaine. D'innombrables et laborieuses digestions lui avaient fait le cerveau voilé et perclus, l'intelligence obtuse et le cœur momifié. Toutefois, chose rare alors, les mœurs de Homenaz, en un point essentiel, ne donnaient prise aux indiscrets et langards. Jamais femme n'avait été par lui avisée de l'œil du désir, sollicitée du don d'amoureuse merci. Il n'avait de regard que pour les hommes, de goût qu'aux viandes fortes, aux frairies pantagruéliques et franches lippées, aux vins galants et voltigeants, aux vins fumeux aussi, de chaude ardeur et généreuse pointure, aux péchés splendides et d'apparat.

Qu'il n'y ait eu là personnage idoine à faire prélat et prince de l'Église, étoffe à évêque et pasteur d'âmes, les jésuites de la Congrégation n'en avaient pris cure. Piètre soldat et triste officier supérieur, aux plus lamentables années du premier empire, Homenaz, en 1814, s'était rallié aux Bourbons, avait fait retraite vers les ordres et le séminaire, bien décidé, disait-il, à mourir aux bras de la religion. De fil en aiguille, et rapidement, on l'avait poussé à la crosse, à l'anneau et à la mitre. A peine le temps de se faire au jargon paterne et mystique, à l'emphase monotone de son rôle et personnage, à la pompe roide et solennité guindée, suprême et dernier prestige d'un clergé aux abois parmi des générations vidées de foi.

Timide et pusillanime, de molle volonté et veule complexion, temporiseur et dilayant,

<blockquote>Qui, pour ne faillir point, retarde de bien faire,</blockquote>

d'autant plus maniable était Homenaz à la Congrégation, d'humeur moins altière, moins farouche, d'acabit moins réfractaire et rebelle au montoir. De cervelle obscure et ténébreuse, bréhaigne, froide à l'imaginer, tout entier sur sa bouche, les mauvaises raisons l'auraient plus docile et plus accessible. Point orateur facond et parleur élégant, il ne compromettrait rien de la grande intrigue cléricale et jésuitique, se tairait et tiendrait coi plutôt que siffler oie emmy les cygnes, ainsi que dit le commun proverbe des vieux temps. On avait, d'ailleurs, contre-pointé son insipidité et insuffisance du grand vicaire Abinal et du secrétaire général Hélas, deux abbés éprouvés et sûrs, âmes damnées de la Congrégation et des Jésuites.

Ne faut-il au clergé, ainsi qu'au commerce, monnaie et pièces d'or? Homenaz était la monnaie, Hélas la pièce d'or. En tout genre différents et de nature dissemblables, ces deux contrastes, pourtant, cadraient et s'ajustaient l'un à l'autre.

Dans Hélas, rien d'obèse, point de ventre en saillie et à la poulaine; un homme tiré en quintessence, réduit à sa plus simple expression. Maigre jambe héronnière, tête frappée à l'emporte-pièce, long nez recourbé sur bouche vermeille: un perroquet qui mange une cerise; chevelure abondante, roulée, troussée, contournée, peignée, calamistrée en volutes d'ornements; mine matoise, bien en point de cautelle et piperie; tel était le secrétaire de l'indolent et béat Homenaz, génie entendu et fin, souple, pliant, de captieuse adresse à sucrer sa moutarde, de dévorante âpreté, à qui l'ambition, la nuit, tire l'oreille; d'esprit délibéré, pétri de phrases et de tours d'expression; composé violent de fiel, d'absinthe et de miel, séve maligne et corrosive sous l'écorce de la politesse, pédant, précieux, versatile, changeant, moitié figue et moitié raisin; un caméléon, un Protée.

D'un tout autre tonneau était Abinal, personnage fait à la serpe et à la fourche, embossé dans sa pelisse, tout d'une pièce, contenu, taciturne, l'œil au guet, fureteur infatigable, le nez en accent aigu sur une bouche en croissant avachi; le cheveu plat, gras, collé à la tempe; le menton en bec de galoche, sinistre et de mine d'inquisiteur, prêtre à vous empoisonner dans une hostie. Longtemps espion de la Congrégation, il s'était fait l'œil faux, comme les tailleurs, par le métier même, se font la jambe cagneuse. Qu'avait-il dans le jabot? Nul ne l'eût su dire. Et combien savaient au juste la couleur de ses paroles? Il restait pour tout le monde une indevinable énigme.

Entre ses deux acolytes, Homenaz, à jeun depuis le matin, précaution et respectueuse déférence pour la cuisine de l'Abergement-sur-Rioni, roulait douillet sur les coussins de sa voiture capitonnée. Dévot et confit aux choses de gueule et gourmandise, son œil de carpe pâmée se noyait, sous son capuce, en de molles rêveries toutes constellées de beurre de mai, sauces émêchantes, coulis onctueux et relevés. Quand les gendarmes de l'Abergement approchèrent, piaffant et galopant, blanche culotte de daim aux jambes, jaune baudrier au corps et chapeau galonné en tête, il y eut des titillations et chatouillements voluptueux au palais de Homenaz. Qui l'eût regardé de près, l'eût vu chauvir de l'oreille, comme âne en appétit. On touchait à l'heure solennelle.

Tout s'ébranle dans l'air, joyeusement sonne la pastorale curée : grelots clarinants, tintinnabulantes clochettes au cou des chevaux, feu d'artifice de claquements et cliquetis de fouets aux mains des postillons, beffrois et campènes, timbres et carillons à la paroisse, cloches d'appel aux écoles, à l'hôpital ; une forcenerie et danse générale ; une île sonnante pantagruélique et rabelaisienne.

La gentilhommerie embéguinée, banderolle en main, Philippe Deprensac en tête, était là, le front dans la poussière. C'est un prince de l'Eglise qui fait son entrée, criait Philippe en allégresse, le ministre du Dieu né en la crèche parmi les petits et les humbles, Dieu de pauvreté et simplicité.

Paysans, ouvriers, hommes, femmes, enfants, s'agenouillaient dans les rues, sur les places, devant les boutiques et ouvroirs, à l'orée des granges, hangars et chartis. Les maisons n'avaient gardé que les grabataires et femmes en gésine.

Homenaz, en carrosse et en housse, passait, hochant et brimballant de la tête, brochant des babines et semant les bénédictions à la volée.

Grand grésillement de poêles à la cure, clappement de vaisselle et casseroles, fumées pénétrantes et de bonne salive, senteurs embaumées et plantureux parfums de cuisine. Homenaz en prit un appétit strident. Il se sentait affamé et allouvi, un chasseur brisé, recru au soleil et au grand air.

Défraîchi et fripé par le trajet, Homenaz, pourtant, eût voulu paraître chose d'une grande tournure.

Mais, quoy qu'on puisse faire, estant homme on ne peut
Ny faire ce qu'on doit, ny faire ce qu'on veut.

Toutefois, il fut rafraîchi, lavé à grande eau, épongé, frotté dans ses membres, massé en ses chairs, ni plus ni moins qu'athlète antique près d'entrer en lice.

Quand, le soir, à table, commença l'héroïque défilé de Trimalcion, tout allait à profusion et par écuelles. Abinal attentif, silencieux, quasi idolâtre, ne laissait rien passer, présentait tous les plats à Homenaz, qui prélibait, dégustait, briffant, lampant au mieux, faisant sauter les miettes au plafond. *Res, non verba; ago quod ago*, se répétait-il tout bas, en battant le rappel de ses souvenirs de séminaire.

Au branle des mâchoires et clappement de lèvres de Homenaz, Hélas déroulait ses efflorescences grecques et latines, ses pensées quintessenciées et raisonnements sophistiqués, véritables brides à veaux et graines de niais. Expressions alignées, pesées au trébuchet, diminutifs effilés, gentillesses grasseyées, mellifues et euphémiques, épigrammes au prochain, mots aigre-doux et à emporte-pièce, défilés sans interruption, rappelaient à Hélas toute l'autorité de la table. Il y en eut pour trois heures. Homenaz se retira violet et empâté, ne dit mot, et dormit toute la nuit, sans débrider.

Le lendemain, Homenaz, à son réveil, se trouva tout alangouri, les membres brisés, la tête brouillée de grasses vapeurs, prêt à défaillir de cœur et à faire la cane. Il tenait, semblait-il, la mort entre les dents. Il y eut de fréquents et mystérieux voyages aux retraits et lieux les plus secrets. Le bruit s'en répandit, vague, confus, parmi les gens de l'Abergement.

Homenaz se remit, pourtant. On tira de son carton la mitre à soufflet, de son étui la crosse fourbie à pleine laine soyeuse et douce. Arrivèrent et le dais aux blancs panaches, et ses porteurs, tous beaux gars du collége, triés comme pois sur le volet. Naturellement Coville en était, et des premiers. *Ad populum phaleras*, pensa Homenaz, et il partit.

Sa grandeur s'en alla donc, élimée et effrangée, effritée, ébréchée, la mine battue, la figure blêmie et adultérisée, le sourcil voulti et ramené, la chair sapée, et les bastions du corps venus en décadence.

A l'église, pour un instant, la myrrhe, l'encens, le relent de soutane le réconfortèrent et ragaillardirent jusqu'à la fin de la cérémonie. Rustres et villatiques bachelettes des paroisses suburbaines, citadins et muguets frais-épanouis de l'Abergement, tout y passa. Deux cents fois le bon Homenaz avait prononcé le solennel *Signo te, confirmo te chrismate salutis*. Il était à bout de forces, moite d'une sainte sueur. Des autres cérémonies et honneurs à sa personne il quitta son clergé et s'en voulut retourner.

Homenaz, constellé d'émeraudes, flambant de dentelles et de soie violette, chatoyant d'or, d'améthistes et pierres améthistées, marchait sous l'humble dais paroissial agrémenté de filigrane et clinquant. Derrière lui, Hélas, les yeux contre-bas, portait la mitre. A la droite, Coville tenait le bâton du dais à pleine poignée. Le chemin était long, montant, malaisé, inondé des chauds rayons du midi. Homenaz en suait et ressuait de fatigue et d'ahan. La lèvre inférieure lui retombait morose et flasque; une moue boudeuse. Sa tête lui rentrait aux épaules, si fort enfoncée qu'on eût dit saint Denis, au sortir du supplice, son chef dans ses mains. En dépit de la crosse où il s'appuyait, le pied lui rasait et buttait, tout ainsi qu'à un vieux cheval de coucou et de carriole. « Un peu plus vite, » se prit-il soudain à murmurer, en touchant doucement l'épaule de Coville. Bon, pensa Coville, il y a anguille sous roche. Je sais où la mule le blesse.

Pour n'être ni tremblant des peurs d'enfer, ni brûlant de foi, Coville n'était pas de ceux qui, au dire du vieux Mathurin,

<small>Pissent au bénitier, afin qu'on parle d'eux.</small>

Pourtant, en voyant Homenaz excédé, en tant

piteuse détresse, l'écolier n'y tint pas, poussa jusqu'au bout sa folle et scélérate équipée. Un coup d'œil jeté adroitement et d'aguet à son camarade, porteur aussi du dais, suffit à la manœuvre. La marche se ralentit. Homenaz dansait et trépignait sur place comme barbe encastelé ! Tout d'un coup il y eut un faux bon. Hélas n'était point ladre. Il releva le nez, huma énergiquement. Ce n'était relent et chose fade. Hélas, de maintien savant et raffiné, abaissa son regard sur Homenaz, puis revint à son attitude recueillie et confite.

Qui fut quinaut d'avoir réussi ? Ce fut notre Coville. Le cœur lui en tremblait en sa capsule, tout navré de remords subits et mortelles pointures. Il s'en allait, l'âme grevée, contrit, morne et dolent.

Quelle fermentation et effervescence à la cure ! quelle scène empressée et turbulente autour du bon Homenaz inondé, trempé, mouillé jusqu'à l'os ! On vit bien alors :

Qu'un moine, comme un autre, est un homme, tout nu.

Grand émoi dans toute la cour haute et basse de l'Abergement. « Monseigneur s'est trouvé mal, Monseigneur est très-mal. »

Quand le médecin eut rendu son oracle et doctoralement déclaré que Monseigneur avait le sphincter relâché, les bonnes âmes et dévotes ouailles s'agitèrent avec de grands bras et profonds soupirs, répétant : Monseigneur a le sphincter relâché. Monseigneur de Lembrennaz, demandait Pons, a le sphincter relâché? qu'est-ce que ça peut bien être? Une maladie d'évêque, c'est sûr. Dites-nous ça, M. Vien, vous qui étudiez. « Sa porte ferme mal, ne clôt pas bien », voilà tout, reprit Vien, alors étudiant en médecine de première année, près la Faculté de Paris.

De tous le plus malheureux, c'était notre Coville, chagrin, déconfit, hérissé, rechigné et bourru. A tout coin ombreux et sombre, déshabité et désert, il se mussait, se mélancoliait, le bonnet sur le nez, tout prestelé de poussière, comme poëte qui prend des vers à la pipée. Son âme s'échauffait à ses pensers amers, ses yeux se bandaient de honte et de terreur. « S'il allait mourir », se disait-il tout égaré et éperdu. Quelle poire d'angoisse! Il voyait tout en noir, ne faisait que cachots en Espagne. Haine de moine, c'est tache d'huile. On tournerait ses amis contre lui, on le délaisserait seul et pantois, moqué et hué des dévotes âmes et bourgeois de l'Abergement. Et il grinçait des dents, comme singe à qui l'on a jeté charbon pour noisette.

Heureusement le complice de Coville ne sonna, ne souffla mot, et Hommenaz, ses chausses remises en état, troussa bagage sans tambour ni trompette, et ainsi passa la plume par le bec à la dévote attente de la clientèle des sacristies. On avait espéré mise en scène théâtrale et machines usitées aux choses d'église comme aux jeux scéniques sans suffisant intérêt. Il fallut, bon gré mal gré, ribon ribaine, renoncer à la bénédiction papale en rutilant costume et grand apparat, à la visite, à la paterne, confuse et pâteuse homélie au collége, que Homenaz, pourtant, avait à cœur de tenir à sa portée pour, l'heure venue, le lâcher aux congréganistes.

Quand, à dix-huit ans, sur le point que le premier poil commence à poindre, Coville quitta les bancs et fut hors de page, nul ne songeait plus aux malencontreuses incongruités de Homenaz, à l'escapade du collégien. Coville s'était donc avancé dans la vie, drapé de son prestige d'écolier et embaumé de la bonne odeur de son enfance.

Du père Prétérit, de la mère Prétérit, tous deux

défunts et trépassés, il tenait douze cents livres de rente à grand'peine amassées. Coville avait la tête bien faite. Il voulut au compas du travail régler son avenir, mit barre sur le greffe de la Justice de paix de l'Abergement, et crut avoir trouvé la pie au nid. Les nerfs des batailles, se disait-il, sont les pécunes, et il songeait à gagner la bataille de la vie, ne se souciait de manger son blé en herbe, pour rester par après la gueule baye parmi les gens. De ses bons amis, les uns, mal contre-pointés d'écus, s'étaient faits utiles à autrui, retournant, qui à la terre et à la charrue, qui au marteau et à la lime, qui aux arts et études, qui au commerce et négoce. Pour les autres, les petits gentillâtres postiches, ils allaient se préconisant cousins de l'arc-en-ciel, ocieux, ne faisant rien, poids et charge inutile à la terre, pour parler le langage du grec Hésiode. Coville avait suivi les premiers, sans s'éloigner des seconds.

Le voilà donc, basochien, d'arrache-pied en un greffe, à minuter les jugements, procès-verbaux, levées de scellés, cédules, les *par ampliation et plus ample informé*. Bien des mois, il se tint pour fier et glorieux de prendre ainsi place parmi ceux dont on attend travail et service, de peser de son propre poids en la commune balance. Quand il voyait les gens bonneter et saluer sur son passage, il ne se faisait faute de se rengorger sous la peau, d'avoir haute idée de son importance. Les passe temps et distractions, d'ailleurs, ne lui manquaient.

Ses amis, les petits bourgeoiseaux campagnards et hobereaux frelatés, à peine essaimés hors de ruche, s'étaient mis à voleter et bourdonner autour des tendrons aux joues incarnadines, fleurs à peine épanouies du jardin de l'Abergement-sur-Rioni, autour de ces dames aussi, savantes déjà en l'amoureux plaisir et maîtresses passées en mignardises, mines et simagrées du sentimental jargon, qui se chargeaient, elles, de les piloter dans le royaume du Tendre, aux bocages du Lignon. Encore fallait-il à ces céladoniques apprentis savoir mercier leur dame, implorer du reconfort à leurs langueurs et mortelles tristesses, rhabiller leur faute, si par ignoramment aimer, ils étaient tombés en quelque piteux et mauvais déboire, avaient été pris mal en gré, et mouraient outrés d'extrême ennui. Écrire leur était bien périlleux. Ils souffletaient si impitoyablement la grammaire, donnaient tant de crocs en jambe aux élégances du bien dire et beaux devis! Coville fut leur providence en leur malheureuse fortune.

Point dariolet et entremetteur d'amour, il se fit, à ses heures perdues, leur épistolier et poëte ordinaire, rédigeant vers, prose, oraison solue, et couchant par écrit leurs complaintes et angoisses, en maintes lettres et épîtres, que plus d'un, parmi les héros d'Henri V, conserve encore aujourd'hui en sa mystérieuse cassette comme chefs-d'œuvre tirés de son propre jabot.

Pour son compte, Coville prenait plus de plaisir à courir et à chasser que non pas à regarder les dames et fillettes, à rêver des rondeurs de leur gorge ivoirine. Point de vie orageuse en Coville, de jeunesses débordées et frondaisons désordonnées de la vingtième année, ni ribleur ni coureur de nuit. Tout au plus s'était-il mis à danser et à baller avec ces dames de la bourgeoisie et de la gentilhommerie bourgeoise. En cet exercice, non moins qu'en tous autres de la jeunesse, il avait emporté l'honneur et le bon bruit par-dessus tous ses compagnons.

Mme de Chideuil, déjà bien en déclin et décours de beauté en grand apaisement en l'amoureuse lice, ne se put cependant tenir de se laisser prendre par un bout du cœur et de la fantaisie à ce beau valseur enlangagé et fort bien disant, de si bonne grâce, de tant gentil et subtil esprit.

Ah! ce n'était point la *Belle dame sans mercy* d'Alain Chartier, que cette claire brunette fille d'Eve, qui avait nom Mme de Chideuil. Jusque-là toujours en véhément désir, prête à entrer au pire état où femme se peut monter, elle saisissait partout l'occasion au poil et à propos, sans faire de la gentilhommerie bourgeoise île escarpée et sans bords, où un chacun ne sût avec elle trouver joyeux passe-temps de jeunesse, plaisants au corps et dommageables à l'âme.

Pétrie de sel, de piment et de cantharides, le teint blanc comme jonchée de lait, le cou amenuisé et fin en ses proportions et contours; la lèvre brunette, moirée, constellée de frissottant duvet; la taille mince, déliée et souple, avec festons et mouvements coquins des hanches; l'allure fringante et galoise; les yeux tabac d'Espagne sous de longs sourcils ténus et effumés en vapeur; toute fleurie de draperies sur le nu, de floconneuses mondanités et aériennes gorgiascetés usitées au savant négligé de la coquette, elle était d'irrésistible attraction, à donner droit à la tête et rendre fou comme miel nouveau, femme à faire brûler et fondre la glace. En six mois, M. de Chideuil, tout cassé du harnais, les bras dénués de chair et de sang, en avait diminué et maigri à ne plus se relever avant de mettre le pied en la fosse.

Née sous une étoile enragée, point bégueule, point beauté farouche, altière, rebelle au montoir, bonne fille à quiconque, ne faisant jamais la petite bouche, pleine de caresses et lascivetés, de bel esprit et précieux jargon, un moine en eût quitté le froc. Docte et experte en l'amoureux plaisir, au code et doctrinal d'amour, il n'y avait si saint hermite qui n'y eût perdu ses patenôtres.

Que d'oiseaux et oisillons elle avait ainsi pris en sa pantière, sans plus de souci de sa maison et lignage. Bien des fois, au raboteux sentier des adultères et fornications, elle avait choppé, tout abayante de désir, de tempérament et d'amour. Hommes de loi, groulants et fretillants, robins de la dernière catégorie; chevaliers d'armes et de lois à l'Abergement; beaux gars des champs; jouvenceaux gentillâtres; commis voyageurs bien endentés et de gente pointure; abbés grasseyant et portant des odeurs, glorieux chevaliers et apôtres de Jésus-Christ, de fortune mis sur son chemin, avaient été happés, non moins que sangliers navrés de court épieu. Elle avait tenu table ouverte. Un peu plus elle eût couru l'aiguillette. Blanche et hospitalière haquenée, elle se donnait à ferrer et monter à tous venants. Pour elle, ainsi que pour sainte Thérèse, l'enfer était l'endroit où l'on n'aime plus. Et elle s'en allait répétant, avec la vieille chanson du roman de la Rose :

> Nous sommes faits, beaux fils, sans doutes,
> Toutes pour tous, et tous pour toutes.

Mais le crépuscule venu, il y avait deux ou trois ans, les joies de Mᵐᵉ de Chideuil s'étaient tournées en mortelles angoisses. Plus de bonne chère à faire aux gens. Elle en perdait boire, manger, dormir et repos. La tête sur le coude, en son lit galamment encourtiné, chaque matin, elle regardait, par les barbes de son blanc scoflon de nuit, s'avancer, à pas de loup, la félonne et déloyale vieillesse, escortée de ses châtiments et vengeances. Quoi, se prenait-elle à penser, couler du beau sexe au vieux sexe, déprisée et contemnée, en mauvais point, la bouche torte et brinballante ; la gorge bridée, mélancolieuse et désolée ; des rides en contrescarpes, remparts et fossés au front ! Otez les ailes à un papillon, ce n'est plus que chenille. C'était à donner sa démission de la vie. « Mieux vaut assis que

debout, couché qu'assis, mort que tout cela, »,
murmurait-elle avec l'Église et l'antique proverbe
indien.

Extrême en tout, de dépit alors, Mme de Chideuil,

> Elle qui n'eust.......................
> Autre ciel pour objet que le ciel de son lict,

sous les assauts du regret, se réfugiait dolente aux
célestes voluptés, aux chimères paradisiaques,
glissant de Paphos en la société de l'agneau du
révérend père Garasse. Charge burlesque et baroque du règne théâtral et bigot de Louis le Superbe, facilement, à cette époque, la gentilhommerie bourgeoise de l'Abergement-sur-Rioni passait des fêtes de la Vénus en sens réprouvé aux doucereux petits romans d'église. La Vallière n'avait-elle pas, d'un seul bond, sauté du lit du Grand Roy aux Carmélites, et le confesseur royal, chaque matin, n'entrait-il pas par la porte qui venait de donner passage à la Montespan défraîchie et fripée?

A force de carder son matelas, ajoutait-elle, il diminue, et l'on couche sur la dure. « Amour, Amour, ah! dur et impiteux archer! « Mutilé, bistourné, en son cœur plus de songes venus par la porte d'ivoire; plus de rêves décevants à caresser. Mme de Chideuil était en bien merveilleuse perplexité, quand sa pensée, fortune inespérée et rencontre venue expressément du ciel, s'arrêta sur Coville, ce hardi et gentil compagnon. La couleur lui en courut au visage, les étincelles lui en saillirent par les yeux. Déniaiser si plantureux jouvenceau, n'était-ce pas là chose à sa main? Un garçon, à coup sûr, à ne pas rester ingrat et piteux en l'orage d'amour. Ah! elle tenait la fève du gâteau. Du moins le croyait-elle. Sa folie de jadis lui remontait en l'entendement. Quel amant affaité et fait à la main! Il n'est que changeur pour se connaître en monnaie. Nul doute, elle en emporterait pied ou aile, dût-elle lui entrouvrir elle-même le voile de sa passion. A la seule pensée, la veine allait lui fendre. Où le cœur s'adonne, est-il rien impossible au corps? Jà tout apprivoisé, il mangeait sur le poing, et elle sonnait le boute-selle.

Un soir, c'était bal et grand'fête à l'Abergement, dont bien fâchait à ces messieurs de l'Église. Mme de Chideuil n'eût failli à s'y trouver avec toute la bande blanche, bien nourrie et ne faisant œuvre. Quand elle passa à beau pied chaussé de patins mordorés, en sa chatoyante robe de taffetas flambé de blanc et de cerise, le sein découvert, la chute des reins bien marquée, avec la plus gorgiasse et parfumée de ses chemises, de toile fort déliée, tant bien ouvrée qu'il n'était possible de plus, et relevée d'un tendre ruban doré doux comme sablon, ce fut un frémissement parmi les gueux à la besace, en cohue devant la porte. « Tudieu, ce ne sont pas des prunes, dit l'un d'eux. » En la voyant, qui n'eût été pourchassé d'amour, féru de tant d'attraits, touché bien avant au cœur. Le fruit pourtant n'en valait guère.

Au bal, elle n'oublia sa fine tactique, ses projets sur Coville et ses amoureuses amorces. Elle éteignit son œil de pécore à affronter le taro, se fit de physionomie angélisée et rêveuse, avec un cœur en apparence à cent lieues de son corps. Qui eût vu le fond du sac, en eût bien décompté. Coville dansa pour la gloire et l'orgueil de plus d'une, bien voulu de chacune. *Voici le pèlerin jouant de la musette : danse Guillot, saute Perrette*, sonnait la musique.

Mme de Chideuil, sans se laisser dérouter, était de moitié dans le triomphe du beau danseur, attendait son heure et la commune fatigue. En ce temps d'été qu'il faisait grand chaud. Toutefois, pour décharger son feu insupportable d'amour, elle déploya, silencieuse et résignée, tout ce qu'on peut faire entendre par regards piteux et doux, œillades, contenances et soupirs passionnés, extravasés et poussés d'un cœur gros d'extrémité d'amour.

Qui ne peut passer par la porte, se disait-elle, saille par la fenêtre. Va-t-on donc au marché avec lingots? la petite monnaie y suffit. Amour, ce doux prophète, lui donnait courage et allégeance de ne pas, à la parfin et fin des fins, meschoir et échouer en la mâle grâce du beau Coville. La chose durait ainsi depuis trois heures.

Coville, ce jour-là était fort coquet et gorgias, affié et accoutré, en sa culotte courte de nankin, fort en ordre et sur le beau bout. Il se présenta enfin devant Mme de Chideuil, le mollet cambré en un bas blanc bien tiré. La sueur en monta, par plusieurs fois, à la pauvrette. La couleur lui devint blême, l'œil fixe, les lèvres bleues, les extrémités froides. Elle reprit cœur, pourtant, et se remit.

Selon son habitude, quand, pour clore le bal il valsait avec elle, Coville lui tendit un blanc mouchoir de batiste, dont elle prit un coin en sa bouche, laissant son valseur passer l'autre bout en la sienne. C'était alors le bouquet de toute fête gentilhommière à l'Abergement, la passe d'armes des passes d'armes parmi les petits gentillâtres. Chacun fit silence en la salle. Au grésillement des bougies, les instruments préludaient. Les deux virtuoses s'en allaient, Mme de Chideuil, sa jolie main sur l'épaule de Coville, Coville la sienne autour de la taille ondoyante de Mme de Chideuil, prenant peu à peu le branle et la cadence.

Grand arpégement sur l'estrade des musiciens. Aussitôt le duo de valseurs s'emporte frénétique en l'espace, bondissant et tournoyant. Grosse fièvre, pouls fort ému, œil phosphorescent en Mme de Chideuil, enivrée d'être entraînée, portée, balancée, bercée par ce séduisant Coville, qu'elle enveloppe des lacs de ses bras d'ivoire. Coville glissait, imperturbable et ferme en son propos, lunettes d'or sur le nez, touffes abondantes de favoris aux joues, chairs grivelées et marbrées par l'exercice et la chaleur; menton en respect aux longues pointes acérées en poignard de son faux-col dardé du fond d'une blanche cravate de haute lisse; toupet de Riquet à la houpe inflexible et accrêté au sommet de la tête, faces de cheveux en nageoires de poisson étalées aux tempes, bellement et fièrement campé sur ses reins d'acier, souples et forts. Tout autour, ces petits messieurs de l'Abergement faisaient large cercle et se tenaient ébahis sur leurs membres. Nul, en ses plus folles prétentions, n'eût rêvé de marcher sur les brisées de Coville. Couvercle bien digne du chaudron! Tel était le cri général en ce torrent de la publique émotion gentilhommière. Les deux Richomme en étaient consternés d'admiration.

Mobile comme le mercure, en son énergie endiablée, Mme de Chideuil, martelée et encapriciée, n'haleinait que feu, pirouettait, sylphide intrépide et légère, toujours en mesure et conservant scrupuleusement ses distances. Aussi pas un pli au mouchoir tendu de l'une à l'autre bouche; un fil électrique du valseur à la valseuse. Coville, ni surfait ni surpayé, bondissant, faisait feu des quatre pieds, précipitant les mesures. On eût dit un homme forcené et hors de sens. Pas un pli au mouchoir. Mme de Chideuil appelait les privautés, jouait du bout des doigts et autres menues chosettes. Pas un pli au mouchoir. Elle ne faillait à laisser voir à clair sa passion. Ses ardeurs, plus chaudes que feu saint Antoine, lui sortaient par les yeux. Pas un pli au mouchoir. Elle en eût donné le baiser de dilection à ce merveilleux valseur, et pas un pli au mouchoir !

Les hautbois firent pause. Il était temps. Les chairs de Coville étaient grivelées comme saucisses, tant son corps avait été tracassé des chaudes étreintes de Mme de Chideuil. Pour elle, le cœur lui sautelait, tout haletant en son transparent corsage. En la ramenant, Coville ne sonna mot. Que lui murmurait doucement à l'oreille Mme de Chideuil ? Nul ne le sut. *Tel refuse, qui après muse.* Voilà tout ce qu'on en put saisir.

Cette fois, Mme de Chideuil en fut mauvaise marchande. Coville n'y voulut mie entendre. D'amertume, de déboire et de désespérance en son mésaise et déplaisir d'amour, elle en eut plein son sac, la nuit qui s'ensuivit. Perdre le labeur d'une semaine pour un samedi ; jamais, murmurait Coville entre ses dents. Araignée en ses fantaisies de mauvaise salive, de bonne viande elle fait venin. Plutôt que de céder, il eût préféré être retourné au ventre de sa mère. Mieux vaut mille fois vivre de foi et d'espérance, comme le pluvier du vent, ajoutait-il. En quel haut lieu avait-il donc son cœur, qu'il se contentait ainsi de sa vaine espérance ?

Il courut, tout morfondu, tête brûlante au vent, jusqu'à Visinant, à une lieue de l'Abergement, fit le tour d'une borde et maison isolée, où tout dormait dans une épaisse robe de verdure. Perle d'honneur et de virginité ! murmura-t-il. Et il s'en revint.

User de telle vilenie ! ah pécore ! faire de ces contenances-là ! Quelle femme de triste et mauvais gouvernement ! Sépulcres blanchis sans idées et sans âme ; tempéraments qui se croient des amours, répétait-il encore chez lui, au coin d'un vieux bahut démantelé, sous la cheminée à grande hotte, près de laquelle il avait son lit, en la maison du père Prétérit, à la place même où tant de fois la mère Prétérit avait fait cuire sa potée entre les landriers et hauts chenets du foyer. En cet hôtel de l'impécuniosité, il avait, on le voit, petit train et ménage de garçon, n'ayant que douze cents francs de rente pour tout bien et chevance. « O Miette ! si douce et nicette, pourquoi être du tout délaissé de fortune et richesse ? N'importe, j'aimerai pour la gloire. La gloire n'est-elle pas la chemise de l'âme, comme dit Montaigne ? »

Il s'assit devant sa petite table d'écolier ou de poëte, rima sa mauvaise humeur.

Tous ces ventres bardés de gilets blancs brodés,
Tous ces yeux éraillés, et tous ces fronts fardés,
Blaffards comme la nuit éclairant une mare,
Ces visages mort-nés, ivres de tintamarre
Blanchis, badigeonnés comme les murs crépis
D'un vieux couvent pansu ; tous ces cœurs décrépits,
Où tout est aligné, ces figures obèses,
Ces amours-propres plats, ces ambitions niaises,
En leurs habits mal faits et leurs cols empesés
Prenant un air de fête ; ô bons bourgeois rasés,
Peignés, lavés de frais, contre votre coutume,
Car vous vous lavez peu, soit dit sans amertume,
Troussés, calamistrés, blancs comme un baudrier
Qu'on mène à la parade au dos d'un vieux troupier,
N'est-ce pas là de quoi désopiler la rate
D'un rieur tout un soir ? La bonne farce plate,
Que ces crânes déserts qui regardent sans voir,
Navrants comme l'ennui, froids comme le devoir,
Quand il se fait l'écho de l'arrière-boutique,
Et remâche en dictons une sagesse étique !
Gros vaisseaux de commerce à l'étroit dans le port,
De la poupe à la proue ils se poussent au bord,
Roulés, heurtés, froissés. Là, leurs coques en ligne
Présentent au plaisir un boulevard insigne
De ventres embossés. — Que de propos gluants
Dans le ruisseau banal traînés par les passants !
Que d'anas digérés par monsieur Tout le monde,
Depuis tantôt mille ans ! — Sur ce bétail immonde
Je sais que vous tranchez avec ce grand œil bleu,
Qui cherche une chimère, un ange, un demi-dieu,

> Blonde enfant de vingt ans épanouie à peine
> Aux doux rêves d'amour. — Vos noirs cheveux d'ébène
> Inondent votre cou, mêlés aux rubans blancs ;
> Sous vos sourcils ombreux vos regards indolents
> Nagent à tout hasard, indécis et sans âme,
> Attendant qu'une main fasse jaillir la flamme
> De ce foyer qui dort ; votre sang andalous
> A bouilli sous le feu des Antilles ; bien doux
> Sont tous les mouvements de votre corps qui penche,
> Et souple le ruban qui vous prend à la hanche,
> Belle créole aux cils longs et soyeux ! — Pourtant,
> Ce salon n'est pour moi qu'un cloaque assommant,
> Où tout me semble niais et grouillant de bêtise.
> Puisqu'il faut être sot, j'aime mieux ma sottise. —
> Je m'en vais, dans un coin tout sombre et tout obscur,
> Rêvasser, l'œil au guet, le long de ce vieux mur,
> Où je puis voir passer, noire ombre fugitive,
> Le crêpe de sa robe. — A mon âme pensive
> Il vaut mieux un parfum laissé sur un pavé,
> En passant, par son pied sous son jupon levé,
> Que le ragoût banal de vos odeurs connues,
> Madame, et le reflet de vos épaules nues.

Quand, à midi, en se levant reposé et calmé, il relut ces vers, il les trouva de fâcheuse inspiration, les déchira et mit au feu. Il s'en courut parmi l'émail des prairies, le long de ses ruisselets coutumiers et habituels, parmi les blés nouvelets et les sentes des bois, sous la verte ramée, et il se sentit rafraîchi et remis en point.

Le dimanche ensuivant, quand sonna le second

coup de la grand'messe, il était à son poste ordinaire, sur la levée des Capucins, le long des tilleuls séculaires, noueux contemporains du vieux Saint-Louis.

Coville, tout fendant, avait, ce jour-là, ses bottes pointues à hauts talons; son pantalon de nankin, jaune chamois, à petit pont ; sa breloque brimballante au double floquet d'un large ruban violet; son gilet de poil de chèvre persillé et moucheté ; un blanc faux-col à pointes menaçantes et pleines de superbe; une ample cravate noire en ses bouts savamment chiffonnés au ventre du carton ; son habit vert à queue d'hirondelle, à col plantureux, nourri, équarri, roulé jusqu'au-dessus de la nuque, à la naissance de l'occiput. Le chapeau, merveilleusement large et ballonné à la partie supérieure, se rétrécissait d'outrageuse façon au centre, pour s'asseoir et se reposer sur de capricieuses ailes tournées et relevées, à droite et à gauche, qui lui donnaient allure des plus aventureuses et des plus avantageuses.

Coville marchait, tambour battant, mèche allumée, l'air cavalier, la tournure cambrée, les jambes écartées en branches de compas, le nez au vent, les pieds en dehors : un danseur de menuet. Bien pointilleux et chagrin qui l'eût pris en déplaisir. Pour lui, il se mirait dans les nuages non moins que dans la bonne opinion de lui-même, qu'il se sentait monter au cerveau.

Ma foy, les beaux habits servent bien à la mine.

Quand il vit poindre au soleil, du côté de Visinant, sur la grand'route blanche de poussière, en ses frais rubans piolés et bariolés, une toute blondette jeune fille, en fine fleur d'âge, sadinette et doucette comme tendre bachelette, la couleur lui vint aux joues, ses fiertés triomphales s'éteignirent et s'effacèrent d'elles-mêmes. De la route en contrebas, où elle cheminait modeste et saffrette, Miette Olivas lança d'aguet un regard à Coville, et un rayonnement de bonheur emperla et illumina sa jolie figure. A côté d'elle, Jambique Olivas, sa mère, passa d'un sourcil plus farouche en apparence. Jambique, en effet, admirait Coville et l'aimait de toute la félicité qu'elle rêvait à sa fille Marie. Coville, jusqu'à l'église, les suivit à discrète distance.

Durant le service, les deux jeunes gens n'avaient qu'un cœur, qu'une pensée. Miette se sentait non loin de Coville, à la portée de ses yeux. On se lève, s'asseoit, se retourne pendant la messe. Coville adressait longuement ses regards à Miette, cette gentille image, l'objet de tous ses rêves. C'étaient leurs seules joies, leur seule commune fête du dimanche, à nos deux tendres épris. Avoir un beau jour par semaine, ce n'est pas être toute sa vie malheureux, pensait Coville.

Un vicaire, ne sais quel, esprit humble, bas, de petite portée, génie déjeté et bossu, qui avait depuis le séminaire le mot des jésuites et de la Congrégation, cymballait en chaire, prenait feu, enflambé de courroux, s'emportait, du plus haut de son esprit criait contre le siècle. Plutôt qu'entendre et suivre ce sot sermon, où la langue criarde lamentablement raclait et ramonnait aux parois et Thermopyles de la bouche et du gosier, Coville se fût converti au premier point, si besoin absolu eût été. Il songeait à Miette, s'arrangeait pour l'apercevoir de temps à autre. « Quiconque regarde avec concupiscence est déjà adultère en son cœur, » dit par hasard l'énergumène vicaire. « Oui, murmura Coville surpris et piqué au vif, mais quiconque hait son prochain est homicide. » La police de Mathusalem Elias, partout invisible et présente aux offices de l'Abergement, releva le nez et tint l'oreille au guet. Le villatique orateur s'en prit à

Rousseau, à Voltaire et autres gens, tous enclos au péché, à la philosophie, faisant ainsi curée à ses maîtres des entrailles du peuple, de la Révolution, éparpillant ses diatribes, bagatelles, pensées minutieuses, futilités de séminaire, fadaises de prédicant, et choses de pareille force et efficace, à avaler peut-être, à ne point digérer. Il se fourvoyait, la langue fourche, courant après le neuf, en son prolixe patois de sacristie, à peine de baragouin traduit en français, en ses paroles venimeuses et de mauvaise odeur. Il y perdait son peu de latin. Autant en emportait le vent pour Coville. En son amour cantonné, il se souciait de ces déportements oratoires comme de Colin-Tampon, en eût donné le choix pour une épingle. Son âme était ailleurs.

Le vicaire décréta la danse, tonna aux nudités et aux manches de chemise. « Il crache au plat pour en dégoûter les autres, se prit à grommeler Pons, toujours cabalant, et en ce moment aux côtés de Coville, en l'église, avec son habituel espadon satirique. Les gens de Mathusalem Elias dressèrent l'oreille. « Qu'homme ne touche à mes oints, a dit le Seigneur, » s'empressa d'ajouter Coville tout bas. « Un prêtre a-t-il choppé, fait une faute, baissons les yeux, taisons-nous. » L'avis est de

Fénelon. Les gens de Mathusalem ramenèrent le nez et revinrent à leurs momeries.

Quand le prédicateur mit fin à sa dévotieuse et trop zélée bouffonnerie, Pons ne se sut tenir : « Ah! si tout fou portait croupière, il y aurait bien des fesses écorchées, » souffla-t-il à l'oreille de Coville. Les gens d'Elias se rapprochèrent de ce personnage subversif.

« Apollo a planté, écrit saint Paul, et il a arrosé. » Arrosons donc, se dit, au sortir de la messe, Coville en veine de style cagot. Il s'en alla tout aval l'eau, le long des vieux saules du Rioni, écouter les chuchottements de la solitude et aussi ce qui lui chantait si doucement au cœur.

Vraiment, depuis quelques mois, il était entre l'enclume et le marteau. La sœur de la mère Prétérit, vierge qu'homme jamais n'attoucha, une femme de petit trafic, de dur travail en sa vie, avare et serrante, s'était endormie du dormir sans fin. Le clergé lorgnait et guettait de l'œil une donation à œuvre pie. A pure perte. « Je viens vous exhorter à mourir, avait dit le curé de l'Abergement. — Et moi à me laisser mourir, » avait répliqué la vieille moribonde. Les médecins, en la main desquels ne pend la santé des hommes, s'en étaient allés, laissant toute dernière besogne aux soins de la sacristie et de la Fabrique.

Les économies de la vieille, rente annuelle de cinquante louis d'or, beaux, trébuchants et ayant cours, sans se laisser détourner de leur chemin naturel, échurent à Coville. Tel fortuné partage arrivait à propos comme lard en pois. Coville avait assez des cédules et autres besognes de Justice de Paix.

La coutume ne veut pas, dit Molière, qu'un gentilhomme sache rien faire. La gentilhommerie bourgeoise abhorre donc le travail. Son point d'honneur est de ne faire œuvre de sa tête et de ses dix doigts. Tout vice vient d'oisiveté, dit partout ailleurs la sagesse des bonnes gens. Peu importe aux gentillâtres postiches. Toute sagesse gît en eux. Leur coterie, c'est le monde ; hors de là, c'est néant. Coville avait vécu trop étroitement avec ces cerveaux détraqués. En communauté contagieuse, les plus vite gâtés sont les plus proches.

Foin du gain et guerdon, se disait-il. Aimer l'argent, sinon pour s'en aider, c'est aimer des idoles. D'ores et déjà n'avait-il pas de quoi mettre au moulin ? Il ne tenait pas si grand état ? Il se mit à ne rien faire, glosant, gloussant sur les portes avec les gens, chassant, arpentant la lande, bayant aux corneilles.

Mais comment le prendrait Antonio Olivas, le père de Miette ? Voilà où le bât blessait Coville.

Le père Olivas n'était pas de ceux qui rient, lorsque bourses pleurent. Pécunieux et richard aujourd'hui, vieux, avaricieux, dur, épineux, il avait jadis beaucoup couru le monde. Mais rarement à courir devient-on homme de bien.

Olivas était né, de là les monts, au pays d'Aragon ou de Catalogne, dans les Espagnes. Escogriffe de frontière, plus bandoulier que paysan, il avait d'abord filé un assez vilain et mauvais coton. Aucunes fois, aux pas et gorges sombres des Pyrénées, on avait trouvé, en sa lividité, ce personnage noir de ce mau hâle qui noircit gens, quand ils sont morts. Qu'y cherchait-il ? Cela s'entend à demi-mot, étant de ces êtres peu accostables avec qui il ne fait pas bon cosser. La physionomie était rébarbative, de rencontre sinistre, en cette grosse tête australienne, à l'œil rond ; une prunelle de hibou, au cou de cormoran, aux épaisses lèvres écarquillées en mufle camard, sur un buste court, trapu, fiché aux étais fragiles et grêles d'un échassier. Ce n'étaient point jambes, en effet, que les siennes, mais bien flûtes en leur étui. Les poils et villosités étaient partout en cet homme, hérissées, incultes, broussailleuses, éparses, vagabondes au contenu du pourpoint, sur la surface du corps.

Toutefois, complice de quelques-uns et de tous ennemi, ce ruffian patibulaire et chevalier de courte épée n'avait été ni fusillé, ni branché et réduit à mourir longitudinalement. Un beau jour, Olivas avait délaissé aux rocailles escopette, rapière et tueuse, dont bien lui prit. Il s'en était venu, chargé d'argent, comme un crapaud de plumes, lamentables bobelins et clapotantes savates aux pieds, échouer aux faubourgs de Lyon, la vieille métropole du Midi, une Cocagne pour les aventureux et hasardeurs. De quoi y vivrait-il ?

> En grand'pauvreté
> Ne gist pas trop grand'loyauté.

A tout hasard et toute aventure, il se fit brocanteur, racoleur et regrattier, ramassant tout et partout, ne laissant rien traîner ni perdre. Au besoin, le cas avenant, il vendait la poule au renard, rien ne lui semblant répugnant à nature de ce qui fait argent et profit. Des deux prudences, il avait laissé celle de l'aigle, suivi celle des taupes. Bientôt il eut avances et pécule, boutique, hangars et magasins d'équivoques ramas, de rebuts obsolètes et moisis, de bribes ordes et vieillies. Homme à brûler votre maison pour se faire cuire deux œufs, chiche à pousser la sobriété jusqu'à la lésine, chez lui les écus s'ajoutaient aux écus. Ce bonhomme de pain d'épice et grimaçant mascaron, la tête au fond des épaules et l'œil en contre-bas, prit alliance et eut femme à lui. Jambique Avanturade lui donna une dot, et, par-dessus le marché, la jolie Miette Olivas, quant et quant. Rudoyant et rustique, Olivas tint sa maison de si court, que le blé lui tomba à pleine faucille. En quelques années il eut poussé devant lui plusieurs centaines de mille francs.

«Il faut une sorte d'esprit pour faire fortune, et surtout une grande fortune, a écrit la Bruyère. Ce n'est ni le bon, ni le grand, ni le sublime, ni le fort, ni le délicat. Je ne sais précisément lequel c'est, et j'attends que quelqu'un veuille m'en instruire.» Le père Olivas n'avait que cet esprit-là.

Cependant, à brocher affaire sur affaire, contrat sur contrat, à voir son argent grossir en ses coffres, il se crut enfin une bonne tête, et capable de gouverner. — Moi, qui n'ai pas d'instruction, se disait-il à lui-même et aux autres, avec mon

simple bon sens, j'ai édifié une assez jolie fortune.
— Qu'on me montre parmi ces gens qui écrivent, lisent, étudient, ont le langage si bien à la main, quelqu'un qui en soit venu à telle fin. Il songea à prendre retraite en lieu où il pût tenir rang et avoir importance. Est-il si malotru et maroufle que trois aunes de drap fin ne fassent homme de bien? se répétait-il à part lui. L'habit ne fait-il pas le moine?

Il acheta, près de Visinant, une vieille borde, aux tuiles lépreuses et moussues, et l'accommoda en un joli cottage anglais perdu dans la verdure. Olivas avait toujours eu plus de regard au profit que non pas à la braverie. Il s'habilla dès lors de couleurs puis de l'un puis de l'autre, et, le bonnet au poing, courut les églises, couvents et religions diverses, visitant les saints, baisant les reliques, comptant bien par cette petite tactique entrer, comme en un moulin, dans la franc-maçonnerie des bourgeois gentilshommes, et s'impatroniser parmi les dévots amés et féaux de l'Abergement-sur-Rioni. Pour être bien voulu du petit monde de la gentilhommerie postiche, il se fût, comme Libri, confessé, hart au cou et torche au poing. Au besoin il aurait eu sa particule, ainsi que le

premier venu d'entre ces Messieurs de l'Abergement, et volontiers eût tenu les autres hommes à
cheptel, tout putois et mal odoré qu'il fût lui-
même, dont maintes gens au pays savaient bien
que dire :

Il fleurait bien plus fort, mais non pas mieux que roses.

Aussi quand il ne fut bruit que de l'amour
de Coville pour Miette Olivas, se pensa-t-il
humilié et blessé. « Godelureau, criait-il, à lui tant
d'honneur appartient-il? Ma fille n'est-elle donc
pas de défaite, que je m'aille allier en gueuserie et
paysannerie?

Voilà pourquoi Coville était si marri parmi les
hautes herbes, où, limier en quête, il cheminait,
ne sachant en vérité par quel biais sortir de
sa triste situation vis-à-vis de Miette et de son
père.

Le soir, quand se ferma la nuit, il était, ne
sais comment, aux orées de Visinant, en grande
désespérance, se rapprochant, s'éloignant tour à
tour du cottage. « Allons, se prit-il à dire tout
d'un coup, ne soyons pas de foi si dure et si difficile. Elle m'aime. L'amour une fois au cœur d'une
femme, l'homme peut-il n'en pas avoir bonne

issue, s'il ne tient à sa bestialité et besterie? Et il tira, évitant la porte charretière, droit à l'humble trappelle du jardin. Il n'y avait verrou, targette, ni courail. Il s'avança dans l'intérieur jusqu'au banc de pierre où plus d'une fois déjà il s'était assis. En y voyant Miette Olivas, il lui prit les mains, tout interdit d'abord, puis conta ses peines et dit son amour. Point clergesse et savante, comme Mme de Richomme, point diffluente en verbiage, redites et gazouillage de caillette, Miette ne sonnait mot, en son ingénuité et naïve ignorance, écoutait les doux propos de Coville, buvait ses paroles lentement et à longue haleine, le regardait, et tout énamourée, le laissait lui baiser les mains et en faire à son plaisir.

Quand Coville se retira, on entendit derrière un massif de verdure : Tant de chasteté en un cœur amoureux, c'est chose vraiment plus divine qu'humaine !

Qui l'eût connue, n'eût pu se méprendre à la voix.

Depuis ce moment, Jambique Olivas, bien que résignée à mener l'affaire secrètement et adroitement, était décidée à en avoir contentement, dût-elle chapitrer d'importance le parti pris d'Antonio

Olivas, heurter de front ce cœur cerclé de côtes, on ne sait quelles. Un jour que son mari lui semblait en ses bonnes, autour de sa lourde table à pieds tors, elle entra en propos.

— Et notre Miette, Antonio, allons-nous la laisser sécher et se flétrir en sa fleur ?

— Il ne manque pas ici de fils de famille, qu'il en vienne un.

— Un mari qui regardera plus à la fortune et aux biens qu'à la personne. Mieux vaudrait qui fût de son goût et prédilection, et la pût aimer.

— Peuh ! l'amitié dure comme la beauté des fleurs des champs. Je vous vois venir avec vos gros sabots. Ce Coville, n'est-ce pas ? Je ne m'endors pas sur le rôti, moi. Il me faut un gendre solide, bien apparenté. Un Coville, une espèce de bas et humble lieu, un pauvre hère qui n'a pas vaillant de quoi écumer son pot, qui vient de jeter le froc aux orties et d'abandonner son travail ! Gare l'oisiveté, les caprices, débauches et *délibérations* de la jeunesse !

Olivas se montait en son méchant et maladroit langage, s'échauffait dans son harnais.

— Non, non, qu'homme ne me parle de ce cul-nu d'amour, vieux saint qu'on ne chôme plus.

Tant qu'il y aura chair sur les os d'Antonio Olivas, Coville ne sera rien à ma fille.

Place qui parlemente est à moitié gagnée. D'Olivas n'a pu se dire ce mot. Il continua à trouver les péchés véniels des autres mortels en Coville. Jambique s'était retirée, sans demander congé, ni faire la révérence. Pauvre Miette, de si infortuné partage, ce ne te fut pas là petit malheur. Il semblait que l'âme t'en dût sortir par les larmes.

Fortune, pourtant, aide parfois aux audacieux, constants et fermes courages. Un jour, on ne sait par quel cas d'aventure, le cœur affaibli d'Olivas ne put plus porter l'effort de la vie, fut abandonné de toutes ses vertus et esprits. Le siége de l'âme (avait-il bien une âme) lui faillit, et elle s'envola d'où elle était venue. Plus d'un prépare ainsi à ses enfants des causes de s'éjouir et de se consoler de sa mort.

Le curé de l'Abergement-sur-Rioni, dodelinant de la tête et barytonnant de la gorge, annonça enfin qu'il y avait promesse de mariage entre M. Albin Prétérit de Coville d'une part, et demoiselle Marie Olivas de l'autre. Richomme le jeune ne se sut empêcher de dire : Oh, de Coville, c'est fort ! Le commandant Mauléon, un de leurs amis communs, et plus vieux qu'eux, était là pour relever le propos.

— As-tu bien le droit, mon pauvre Richomme, d'être de si aigre composition, de tant faire la petite bouche?

Richomme se le tint pour dit, glissa, maigre chat de gouttière, le long des murs, s'en courut calfeutrer sa déconvenue et courte honte derrière les murs de sa gentilhommière villageoise.

Or était-il lors environ le milieu du printemps, que fleurs sont en vigueur aux prés, aux bois, aux montagnes, que tout bruit et s'ouit en la verdure, oiseaux gazouillants, bourdonnantes abeilles, bêlants agnelets. Quand, au lendemain des noces, l'aurore, dès le fin matin, se leva toute rose au regard du joli cottage, Miette s'en vint à la fenêtre, pieds déchaux et blonds cheveux épars, non plus si naïve et ingénue en sa beauté bien autre que rustique, mais douce, recueillie et rêveuse, comme brebis qui a naguère agnelé pour la première fois. Du fond de son cœur, elle riait à toute la nature. Oncques ne monta de terre en ciel plus chaude prière et fervente action de grâces.

De la fenêtre, la gente nompareille, en ses cheveux blonds comme gerbe à la moisson, allait à

Coville, lui prenait la tête à belles mains, le baisait et rebaisait, tirant longuement son haleine et sa prise, le regardait, le faisait marcher, pour mieux voir comme il était beau, grand et bien affaité. Coville, tout indolent de son doux travail et brigandage d'amour, la laissait s'ébattre, et, en chaque chose, lui complaisait qu'il ne se pouvait de mieux. Ce n'était point là, bien sûr, commerce orageux d'amour à finir par une banqueroute. Aussi jamais, une seule nuit, ce qui si souvente fois se voit en mariage, brin de divorce ne coucha entre ces deux épousés.

Tout au plus nota-t-on un seul nuage en la longue sérénité de leur ciel. Voici la manière comment, et le conte qu'on en fait communément à l'Abergement-sur-Rioni. Homenaz, en cette male aventure, encore une fois porta guignon à Coville.

Les frairies cantonales et les bombances curiales, qui avaient donné tant d'assauts à son épiscopal estomac et mis sur les dents son apostolique intestin, ne se payèrent pas toujours en camails, indulgences et autres monnaies de singe. Les vins jaunes et labeurs de table avaient infligé au bon évêque une goutte sciatique des plus obstinées et des plus poignantes. Or, un jour de visite chez Mme de Coville, Homenaz, en montant l'étage, arriva, le souffle fort et hâté, s'assit, hors d'haleine, sur un canapé. Sous cette masse imposante, la plume outrageusement s'affaissa. Plus d'équilibre en Homenaz. Ni le dos ne pouvait au mur, ni les jambes à terre. Haletant, violet, une aubergine à son plus haut point de maturité; Homenaz, hors de sens, hochait lamentablement sur sa base, en son instable équilibre. Pitié angoisseuse en vint à la pauvre Miette. Elle eût bien voulu lui aider en sa détresse et cas de male aventure. Mais toucher à l'oint du seigneur, elle n'eût osé. Homenaz haletait de plus en plus, allait rendre l'âme. Toute pâle et blême, comme une à qui un serpent a frayé au long du corps, Miette s'agitait fascinée, éperdue, ne sachant à quel saint se vouer.

Heureusement pour l'oint du seigneur, Abinal et Coville accoururent de vitesse et survinrent d'emblée pour remettre en pieds le benoît Homenaz. A l'Abergement, non moins qu'ailleurs, il est

Des gens de tout métier, de tout poil, de tout âge.

De mauvais bruits coururent. Coville en menait grand deuil, songeant avec terreur à son ancienne mésaventure d'écolier, aux impertinentes interprétations et à l'esprit étroit de ces pauvres bourgeois gentilshommes. Il fit du courroucé à la maison, ne faillit à semondre vertement sa femme. Miette se fondait et périssait de regret. La pauvrette n'en pouvait mais. Il en faisait grand mal à Coville. Il fallut bien enfin oublier et faire appointement.

Ils retournèrent à leurs grands et merveilleux soulas de mariage. D'ores et en avant, il ne souffla vent quelconque en leur ciel sans nuages.

Intime *primae admissionis,* pour user des termes de Sénèque, ami de tous les bourgeoiseaux de la gentilhommerie postiche, Coville était des commérages du soir et des promenades du matin. M⁽ᵐᵉ⁾ de Coville restait chez elle, toute à ses joies intimes, indifférente aux petites intrigues de sacristie, aux quêtes, au bureau de charité, aux cancans, aux menées malveillantes et mesquines de ce triste monde de somnambules obstinés à dormir les yeux ouverts.

A l'Abergement-sur-Rioni, les hommes de la gentilhommerie embéguinée vont à la messe de huit heures, les femmes et le menu fretin des gens à la grand'messe. C'est là que se passe la solennelle revue cléricale. Quiconque ne veut être en butte aux trames et persécutions souterraines, aux coups de langue dévots, se rend assidu à tel exercice. Peu importent les convictions qui procèdent de foi ou de lumière; l'habitude et la routine y suffisent. Point de raison, l'autorité, disait le père Cannaie. Le clergé ne compte pas les consciences, mais les têtes de bétail. Coville n'était pas homme à se faire d'Église et de congrégation. Il laissait la messe de huit heures aux médecins, aux notaires besoigneux, en quête d'affaires et de clientèle, aux gens mendiant travail ou pain quotidien, alliances et femmes, par l'influence et intermédiaire de la sacristie et des jésuites. Coville, d'autre part, avait le cœur bien placé, savait gré au collége de lui avoir appris les lettres, tout le bien et honneur qui se peut à l'Abergement et en une petite ville. Au conseil municipal, il rejetait les avances du clergé et les manœuvres qui voulaient livrer la jeunesse aux mains des congréganistes et gens du moyen âge. La gentilhommerie bourgeoise lui passait telles bizarreries. C'était son tic accepté, ayant droit de bourgeoisie, comme les brutalités et l'ivrognerie étaient celui de Richomme le butor, les aigres mièvreries celui de Richomme le chat maigre, les creuses hâbleries celui de Malebranche.

Coville descendait donc le décours de la vie, sans heurt, sans contradiction, sans travail, sans prévoyance, sans douleur, toutes choses où gît la sagesse humaine, la volonté, le jugement, l'initiative, l'intelligence et le perfectionnement de l'âme.

Mme de Coville, de son côté, à tort ou à raison, le voulait de fête perpétuelle, ne lui laissant aucun soin, aucun souci, rien des préoccupations et tracasseries de si dure digestion ici-bas. Elle respectait jusqu'aux moindres lubies d'Albin.

Tout ce qui est du ressort d'une femme de bon gouvernement ; linge, menues provisions, cuisine, table, habillement, couture, elle le prenait à sa charge, portant, d'ailleurs, tout le faix de la maison. Au poulailler, elle veillait à la volaille, au tect visitait la vache, faisait planter au jardin, crouler les noyers, besogner aux vignes, labourer aux champs. Au temps que la grappe est pleine et que sont les vendanges, elle s'évertuait à rentrer et à aménager le vin nouveau. Elle achetait, vendait, intervenait aux contrats, dictait les conditions, imposait ses vues. Elle tenait les comptes, supputait, présidait aux placements. Coville n'était chez lui qu'un pion d'échiquier. Diligente à merveille, Miette eut beau se faner, devenir femme d'âge, les cheveux demi-blancs, elle ne perdit rien de son agilité et vivacité.

Pour Coville, ses jours n'étaient qu'une longue relâche. Tout au plus chassa-t-il pendant quelques années. Un hiver, grande fut la rudesse du temps. Tant de neige était venue aval du haut des montagnes ! Puis il tira un vent de bise si âpre, qu'il brûlait et perçait tout. Il en gelait à pierre fendant. Comment s'aventurer à suivre le lièvre à la trace ? Coville ne sortit pas. Depuis oncques ne revint à la chasse. Le diable n'y perdit rien. Au lieu d'être debout, comme il soûlait par avant, incontinent que les coqs avaient chanté, il ne se leva plus que tard et à haute heure.

Ainsi qu'il était à sa toilette, Miette voltigeait autour de lui, babillait, contait de leurs jeunes ans, et, par autres telles subtilités, trompait le temps, remplissait les heures. Empressée, attentive, en éveil, elle apportait nippes, chemise, pantalon, chaussettes ; préparait le peigne, la cravate qu'elle ajustait, nouait, accoutrant, adornant son Albin de pied en cap. Inerte et docile, Coville n'était pour rien dans tous ces menus détails. Par sa femme, il était gai ou triste, malade ou bien portant. A elle de surprendre les symptômes, d'ouvrir un avis, imposer un régime, prévoir les conséquences. Ainsi insensiblement retombé à la faiblesse et imbécillité d'enfance, Coville n'avait plus qu'à se laisser couler à la dérive, heureux à faire mal au cœur. De telle façon on s'en va s'éborgnant, s'étiolant, s'éteignant dans la vie, jusqu'à oublier de vivre soi-même. Plus de virilité, d'initiative, de jugement, d'activité, de volonté, de force. On se précipite, tête baissée, dans la nullité, tant on est de son pays et de son petit monde.

Fille sage, sans doute, que la gentilhommerie embéguinée, fille honnête en général, à faire rarement parler d'elle, à fuir scandale et esclandre; mais gens nourris en mer que les hobereaux, au baril de maître Alcofribas Nasier, qui jamais ne regardèrent que par un trou, gens à vivre et à ne rien voir, ne rien entendre à ce qui les entoure. Les hannetons savent-ils l'histoire naturelle?

Quand, à dix heures, après son tour quotidien en ville, Coville s'en venait, sur la Chevalerie, jeter son lard aux chiens avec les Chataigneraye et les Prensac, rompre, comme eux, une lance dans cet éternel combat des eunuques contre les étalons, comment se fût-il assorti à l'esprit nouveau, initié à la moindre idée progressive? Ce n'étaient là que vermoulus anas de parentaille, où un chacun abondait en son sens; longs narrés diffus, touffus, confus à ne comprendre mot; mutuelles flagorneries usées, dont nul n'était la dupe ; futilités, fadaises sentencieusement établies, prouvées par raison démonstrative ; platitudes et théories mutilées d'écoliers frottés de physique, désopilantes discussions et quiproquos insensés sur les actualités, où *l'ordre du jour pur et simple* se heurtait *à la question préalable, l'ordre du jour motivé au rappel à l'ordre*, où l'amortissement se confondait avec le remboursement de la dette publique, inextricable désordre d'idées troubles et mal assises, où le jeu et les intérêts des partis se brouillaient noyés, submergés dans une mer de bévues, d'ignorances, d'âneries et d'aveugles partis pris.

Coville descendit si bas sur cette pente, qu'il finit par se donner à chapitrer à Libri, la mouche du coche réactionnaire, à endoctriner à Pépuan, cependant si peu clerc. Le maréchal d'Hocquincourt était jésuite ou janséniste, selon l'humeur de sa maîtresse. Coville, à son insu, était légitimiste et papiste, bonapartiste, orléaniste, suivant qu'il en allait à Rome, selon le vent qui soufflait du Gesù sur la gent moutonnière des hobereaux frelatés.

Tel est le train ordinaire de ce monde à l'Abergement. Quand ils seraient tous trépassés, disait déjà, en 1829, Pons exaspéré, qui donc en ferait pire chère en France?

A onze heures, Coville regagnait son huis, déjeunait, ménager de paroles, au milieu des caresses infinies de Miette. Après le repas, tous deux se tenaient clos et cois au long du feu jusqu'à nuit fermée. Amorti, tout moulu de ne rien faire, désenchanté, non pas, infatué au contraire, ayant tout à souhait, Coville somnolait par intervalles, à grand renfort de besicles, suivait et lisait mécaniquement la lettre moulée de son journal. La lettre tue et l'esprit vivifie. A Coville il ne souciait de l'esprit. Pour bien vivre, dit-on, avec la lanterne de Diogène, il faut son bâton, avec l'esprit l'énergie. Coville n'avait plus ni la lanterne ni le bâton.

A porter les sottises qui se portaient autour de lui, il était devenu plus couard que renard. Dès quarante-cinq ans, ses pieds ne lui semblaient plus vouloir tirer outre. Un coup d'air lui était une douleur rhumatismale, puis par indolence une *flême*, par habitude une ankylose. Miette le complaignait et reconfortait. Grande douceur pour Coville. La pharmacie domestique, *instrumentum regni* des femmes, était mise au vent. On s'agitait, tisannait, infusionnait, frictionnait, purgeait, clystérisait, dorlotait, mijotait, mignotait. Miette n'était pas femme à demeurer en reste avec Coville qui l'avait faite si heureuse. Coville à plaisir s'envieillissait en ces journées capitonnées.

Le soir, il allait seul, sans sa femme, au conciliabule et commérage. Là, en état perpétuel d'épigramme au prochain, on épluchait la vie de chacun, on égrenait les brimborions et sornettes du jour.

Parfois, aux époques de crises et terreurs chimériques, quand cette troupe, habituée à somnoler en dehors des hasards de la vie et à morguer la fortune, s'éveille en sursaut, effarée de quelque revendication imprévue du droit et des intérêts trop longtemps méconnus, les commérages se montent à un diapason inusité. Ces dames baillent alors quelque petite signifiance de leurs honnêtes dispositions et de leur humanité. Leurs peurs, mer émue d'un vent de terre, volontiers se gonflent et vont aux extrêmes, condamnant, avec les réticences d'usage et sous voile de charité chrétienne, leurs adversaires à être fusillés en masse, non comme frères en Jésus-Christ, mais comme républicains.

De sa nature, Coville répugne aux conseils démesurés et violents. Il s'abstient en telle occurrence, n'opine pas ; ce néanmoins, au sortir du conciliabule, dort bien, ne fait mauvais rêves, déchu de lui-même, en son délabrement moral, éteint aux généreuses indignations. De lui se peut bien dire ce mot de Chamfort : « Les gens faibles sont les troupes légères des méchants. Ils font plus de mal que l'armée même ; ils infestent et ils ravagent. »

Pour complaire à ses amis et dormir sa vie, il n'est bât que refuse Coville. Il vote pour le comte de Studéas, applaudit à la décapitalisation de Paris, donne les mains aux fusillades Gallifet et aux transportations en masse. Suffirait-il donc de sortir des entrailles du peuple pour s'armer contre lui et l'opprimer ? Paysans enrégimentés, haussés à l'épaulette ; marchands et bourgeois poussés à l'administration, aux emplois publics ; villageois des chaumières émergés à la bande noire des sacristies, au chapeau à trois lampions ; bourgeois montés du comptoir à la littérature, à l'histoire ; artisans échoués à la bande blanche, trébuchés à la bande ruoltzée de la gentilhommerie postiche ; prêchez la soumission au pouvoir de l'arbitraire, leurrez les gens aux niaiseries intéressées des indulgences et de la portioncule ; soldats de Cadmus, les premiers armés, tournez-vous, impitoyables et irréconciliables, contre vos frères, les chargez et les massacrez ! C'est bien, c'est le train ordinaire du monde. Mais Coville en l'armée d'Henri V et des jésuites ! Etre Prétérit et se faire de Coville, c'est descendre, passer de dignité personnelle, d'honneur démocratique, à gloire bâtarde et éclat emprunté !

Une chose rassure, pourtant. En glissant, transfuge inconscient, en ce camp décrié, de Coville n'est plus que la momie d'Albin Prétérit.

Mme YOLANDE PLUMON DE RICHOMME

Il est sept heures du matin, entrez. Tout ici est au safran et à l'oranger. Les rideaux de damas paille de maïs font, en cette chambre à coucher, un jour discret, tamisé, un perpétuel soleil d'automne. Si le meuble en jaune velours d'Utrecht, à reliefs étoilés et dorés d'un chaud rayon de miel nouveau, accuse des crudités en son glacis de vernis brillanté, de l'orée de l'alcôve, les blanches ondes des courtines éteignent de leurs reflets chatoyants et fondent ces tons un peu criards. Du palissandre des meubles, d'ailleurs, s'épanchent, pinceaux d'ombre, mille spirales bleuâtres. Des bibelots en verre jaspé ou en argent ciselé, des œuvres de Chine aux étagères et encoignures, des verres filigranés aussi sur la cheminée descendent des arcs-en-ciel ondoyants et divers, multicolores, décomposés en leurs teintes douces, tièdes, et finalement mariés de merveilleuse façon au centre en un limbe qui fait l'atmosphère générale, fluide, subtile de l'appartement.

On se sent là en terre sainte et pays de repos, de sérénité, de pure orthodoxie mariolâtre. Portraiture véritable de Marie, présentée à la mère du Christ elle-même par l'évangéliste saint Luc; grand miracle assurément, à telle époque, au pays de Galilée et de Génézareth ! portrait de Jésus authentique, paraphé par le proconsul Lentulus ; christs douillets sur velours noir enguirlandé de chenilles bleues et roses; vierges sous toutes les formes, à l'enfant, à la chaise, émaillent les parois à leurs clous dorés. L'œil instinctivement cherche au plafond un ciel de papier peint, *sublime domicilium Dei.*

La terre, d'ailleurs, n'a été oubliée parmi ces choses du ciel, dans ces limbes un peu macaroniques, mais terre non commune et vulgaire, terre arrangée, au contraire, peignée, vernissée par la muse gentilhommière d'Honoré d'Urfé. Nulle nature naturante, une nature maniérée, dédaigneuse, proprette, de décoration et d'opéra-comique. Ce sont scènes pastorales et paysages bocagers du Lignon, ciels de bleu taffetas, ailes de zéphirs en éventail, gazons d'émail, fleurs de porcelaine enjolivées, haies attifées, buissons alignés, affilés, calamistrés, soie frisée aux feuillages vertpomme, ouate cardée aux nuages, sablon d'or en la terre, petit-lait aux fleuves, larmes d'amants éplorés aux sources et fontaines, rubans roses et clochettes d'argent aux agneaux crêpés et poudrés à blanc, chalumeaux et pipeaux aux lèvres des bergers, souliers à rosettes en leurs pieds, tonnelets de passequilles à leurs jambes, stances amoureuses et élégiaque gazouillis en leur bouche, nœuds et guirlandes aux courtes jupes des gentes pastourelles.

Rien que de suave à respirer et à voir, qui ne sente malvoisie et ne reluise or, au chaste et privé retrait d'Yolande. Un avant-goût du paradis.

Si vous regardez aux gazes vaporeuses et légères, aux blancheurs immaculées de l'alcôve, ni pensée de scandale, ni spectacle choquant et de mauvaise salive, ni sympathie, ni épiderme. Deux corps impondérables, impalpables, deux lignes horizontales et parallèles, une paire de pincettes profilées sous le drap conjugal. Deux damoiseaux? deux damoiselles? un damoiseau et une damoiselle ? Au vrai, on ne le saurait dire à deux pas de distance. Approchez, n'ayez crainte, rien de flagrant en ce commun délit. C'est Hercule Plumon de Richomme, et, quant et lui, la diaphane Yolande, un couple ténu, effumé, quintessencié, idéal.

Une tête grosse comme une pomme reinette qu'Hercule de Richomme, effilée pourtant, aiguisée, pertuisée par la petite vérole, tiquée par la barbe du jour qui s'essaye à poindre, piquée, dirait-on, par les tarets. Le cheveu court, dru, gros et noir comme fleur d'hyacinthe, fait calotte aux tempes, au front, aux yeux percés en trous de vrille. Le blanc turban, dont Hercule s'est encapuchonné, soigneusement tordu, tranche sur cette peau bistrée et rance à donner au cœur.

Il est sept heures et demie. Hercule s'esquive furtivement de la couche, saute en pieds dans ses babouches de lisières dépénaillées. Le voilà debout dans sa robe de chambre, mari chétif et débile, un corps pendu dans une souquenille. Il se retire lentement, trois pas en avant et deux en arrière, ni plus ni moins qu'un pèlerin de l'Inde.

A peine il a tourné les talons, Yolande, tapie aux dentelles de son oreiller, bâille comme

mignonne tabatière, entr'ouvre dévotement ses
yeux languissants sous les longues barbes flot-
tantes et molles de son scofion de nuit. Nul
trouble, nul orage en cette béate figure de cire
vierge. Pour en avoir eu son plaisir, Hercule n'y
laisse trace après lui. Point de songe tumultueux
et de fâcheux aloi en Yolande. Elle ne saurait
rêver que filles de Sion, palmes Idumées, elle qui
oncques n'eut joie mondaine en son cœur. Saint
Paul veut que l'on baise *in osculo sancto*. Yolande
connaît le précepte de l'apôtre, docile, ne regimbe.
Pendant le sacrifice et déduit, a-t-elle confessé à
Corbineau, elle recommande son âme à Dieu,
prie. Mme de Richomme n'aime son mari qu'en la
semaine sainte, par pénitence. Hercule le sait, ne
s'en offusque, va son train, sans nulle prétention à
mieux, content toutefois.

Aussi Yolande Mahoudeau, jouvencelle grandie
à Lyon en la librairie et imagerie religieuse de son
père, élevée pieusement au couvent de Fourvières,
fuyant les mâles, choyant la virginité. Hermine à
trop mieux aimer mourir qu'avoir tache en son
blanc pelage, à peine a-t-elle été dépaysée par le
mariage, avec elle, son mari, pasteur bénin, usant,
non de houlette, de voix seulement. Quand, à

heure néfaste pour elle, vient primevère et la douceur de ce petit béat de zéphir, si d'aventure, un tantinet en liesse et gros d'embrasser, Hercule la prie de ce qu'il veut, Yolande, sans diligenter ni nonchaloir, sadinette et résignée, va en droiture à son devoir, ne voulant ni frustrer la nature, ni désunir ce que Dieu a joint.

Que n'est-elle aérienne vapeur, à fuir terrestres grossièretés et répugnant contact, avette à se repaître de rosée et sucs de fleurs ! Du moins, ne vivant que de laitage et blanc-manger, des viandes ne suce-t-elle que le jus, les choses ne touche-t-elle que du bout des doigts, les coudes aux hanches, la main recroquevillée en aile de pigeon rôti, femme à vouloir nettoyer les étables d'Augias avec un plumeau.

A chercher les airs distingués, bien souvent tombe-t-on dans le maniéré et le sot. Nature étiolée, éducation alambiquée ou imagination personnelle dévoyée? On ne sait au juste. A tout le moins Yolande se croit-elle par là aux faubourgs et sentiers du paradis.

« La vérité, à en croire Paul-Louis, est populaire, populace même, s'il se peut dire, et sentant tout à fait la canaille, étant l'antipode du bel air, diamétralement opposée au ton de la bonne compagnie. » Tel n'est point l'avis de la puriste Mme de Richomme. Son dieu, à elle, est un dieu convenable, empêché, gourmé, collet monté, tiré à quatre épingles, avec une seule idée en tête, celle de ne pas se compromettre et de faire bande à part. Aussi est-ce une brigue parmi les prêtres pour la confesser. Yolande suit ses instincts, va au vieux curé Alivergot.

Sagesse, âme élevée, intelligence et esprit délié peut-être en Alivergot? Non pas. Alivergot n'a jamais été bien suffisant de tête, ne lisant pas, écrivant peu, intriguant beaucoup, comme les jésuites de Pascal. Pureté de mœurs alors? Pas davantage. Jeune et robuste montagnard jadis, Alivergot était feu. Il y eut autour de lui bien du soufre et du bitume. S'il s'enflamma, fût-ce bien sa faute? Un fait avéré, c'est qu'on n'a jamais vanté sa chasteté. Que voulez-vous? Comme bien d'autres, Alivergot n'avait guère eu le choix.

Au temps des landes féodales et des créneaux, des ronces et des épines partout, des forêts seigneuriales, qui ne voulait être laquais, mendiait, qui répugnait aux vœux monastiques, se faisait soldat ou voleur. Autrement ne se pouvait. La haute montagne de nos jours est pauvre. Les nécessités des vieux âges s'y sont perpétuées plus longtemps qu'ailleurs ; elle est restée la pépinière des sacristies. Alivergot avait dû se décider pour les vœux et la prêtrise.

Septuagénaire, goutteux et gâteux, Alivergot, riche de bien, pourvu de force neveux et nièces, n'entendait lâcher sa mine d'or, son paroissial foyer d'intrigues. Il fallut lui forcer la main. Jà dix ans en ça, il a pris sa retraite. Bonne fortune pour Mme de Richomme. D'Alivergot elle fit un curé en chambre, et, à son usage particulier, à celui de la gentilhommerie postiche, de la chambre d'Alivergot, une petite paroisse réservée, greffée, entée sur la paroisse de tout le monde. Paradis, purgatoire, enfer, clergé, noblesse, tiers état, tout un système de castes et catégories au catholiscisme. Irrésistible séduction pour les hobereaux de rencontre, qui, à toute force, veulent faire bande à part, ne se résignent de bourgeois-gentilshommes à devenir et rester hommes, pour cette raison repoussés et rejetés des simples hommes. Avec Alivergot Yolande avait donc un confesseur à elle, un curé à elle, Dieu lui doint de respirer un air à part, et la voilà comblée.

Ni les oraisons, ni les lectures pieuses, ni les confidences et rapports de Mariette, sa femme de chambre, n'absorbent toutes les heures de Mme de Richomme. Elle a son travail à elle : l'hiver, la dentelle, œuvre délicate, déliée, aérienne ; l'été, des guirlandes et chapelets de fleurs, comme gente pastourelle aux champs. A côté d'elle, Hercule son mari, en style châtié, émonde ses villanelles et roucoulantes poésies, aiguise anagrammes, logogriphes, devises, charades, rébus, mille préciosités à figurer dans son petit monde, aux commérages du soir. Il a le flageolet. Avec des rubans à son chapeau, il serait complet.

Trembleur et claquedents aujourd'hui, Hercule n'en a pas moins eu jadis son âge turlupin et sa saison mutine. Il débitait à table mille contes extravagants. On cite de lui des saillies, des équipées à faire crever de rire. Il donnait des poissons d'avril, tendait, le soir, par les rues, des cordeaux à faire trébucher manants et quenaille. A l'en croire, il aurait même essayé de fumer. Depuis, il n'appelle plus le tabac que du pétun, et se passe le doigt sous le nez quand il croise un fumeur.

Que le commérage du soir se tienne chez M. de

la Chataigneraye, Hercule y conduit sa femme, marche le premier, une mignonne lanterne vénitienne à la main, éclaire ses pas, flottant en sa longue redingote, la jambe tremblante comme roseau au vent de bise. Yolande, en physionomie de *Misanthropie et Repentir*, suit dolente et hésitante, l'œil myope, songe errant entre ciel et terre, une pointe de châle ramenée à la figure qu'elle préserve, l'autre pendant à l'épaule comme une loque sur un perchoir. Lorsque de fortune elle rencontre le petit Malebranche, celui-ci s'empresse, salue en dansant et sautelant; un hochequeue au long d'un ruisseau. Yolande fait gentille révérence, s'incline profondément : Un salut à cul ouvert, aurait dit Panurge.

De la chaste Yolande, Hercule a eu deux enfants, deux garçons, point beaux, marmots et marmousets, de petite maille, myopes, étriqués, avec des airs de biquets. Tenus en chartre privée par leur abbé, comment n'eussent-ils bronché au même chemin que leur père ? Bon chien chasse de race. Estèphe et Théobald n'avaient qu'à se laisser couler pour continuer la lignée des Plumon dévots, embéguinés, ne faisant œuvre.

Le premier de la dynastie, Joseph Plumon, dit

Richomme, paysan de ruse et fallace, porte-balle d'abord, puis pernicieuse engeance, mangeur et obsesseur de peuple, enrégimenté à la bande des accapareurs de grains, sous Louis XV, avait pris sa part à l'œuvre sinistre du *Pacte de famine*. Le roi était principal actionnaire dans cette compagnie de traitants abattus sur la France pour l'affamer. Plumon, enrichi en ce honteux trafic, n'en fut que mieux venu des Jésuites et gens du roi. A la chute de Choiseul, en 1770, sous le ministère d'Aiguillon-Maupeou-Terray, il prit écusson écartelé, laissa Plumon, ne s'appela plus que Joseph de Richomme.

Son fils, Enguerrand de Richomme, un des amés et privés du comte de l'Abergement-sur-Rioni, avait définitivement assis la fortune de la maison, en épousant Suzon, la maîtresse du comte, et, comme Gabrielle d'Estrées, un des sept péchés mortels du père Prunier, grand pourvoyeur des plaisirs du château. La dot de Suzon avait été plantureuse. Grand merci à la générosité et munificence du comte. Les gens d'Église cachés, traités à chère lie, choyés par Enguerrand, pendant la Révolution, l'eurent pour complice sous le premier Empire, et la famille des Plumon, toute rayonnante de prospérité et bonne fortune, traversa la Restauration, appuyée sur Hercule Plumon d'une part, sur Agoard Plumon, de l'autre, les deux fiers rejetons d'Enguerrand.

Doucement traité du sort avait été Hercule, maire et décoré sous le second Empire, et toujours soutenu d'Yolande. Hercule était le pilote de l'Abergement-sur-Rioni; Yolande, l'Ilégérie d'Hercule; Corbineau, la tête et le conseil; saint Vincent de Paul, l'armée; Mariette, l'éclaireur; Rome et les Jésuites donnaient le mot d'ordre.

En plaine roulant, sans heurt et sans cahot, sans amer calice ni ciguë, bercée d'illusions et de chimères, Yolande doucement s'acheminait vers l'éternité. On vit par la passion. Par la sagesse et la raison on ne fait que durer. Yolande, toute de méticuleuse raison, de sagesse écloppée, timide, pusillanime, ne se soucie de vivre; elle veut durer. Toutes les idées en elle prennent le tour de son caractère. « Apprendre la vertu, c'est désapprendre le vice. » La pensée est de Vauvenargues. Mais désapprendre le vice, ce n'est pas apprendre la vertu. Yolande ne s'en doute. Pour l'avarice ni connaissance nécessaire, ni vigueur d'esprit, ni jeunesse. Aussi, au temps de la caducité, de la défaillance des sens, l'avarice usurpe-t-elle la place des autres passions. La morale et la politique d'Yolande tiennent de l'avarice. Point d'idéal, d'héroïsme, de généreuses inquiétudes, de dépense de forces, de chaleur d'âme. Des précautions, de la discipline étiolée, de la routine et du mécanisme. De l'équilibre viril, non pas; de l'effacement, et elle vous quitte du beau et du bon.

Hercule suit sa femme, ne pense que par elle. Les sots ont-ils des erreurs en leur propre et privé nom ? Nul vice, nulle prise en M. de Richomme, une cruche sans anse. Hercule toujours opine du bonnet, jusque-là que Yolande, impatientée et d'âme épuisée, plus d'une fois se surprend à murmurer dans son for intérieur : Pour Dieu ! qu'il me conteste quelque chose, afin que nous soyons deux.

Même piédestal pour Yolande parmi ses entours. Aux yeux de Mariette, rien au-dessus de Mme de Richomme. Mariette ne s'en estime elle-même que davantage. L'homme de livrée ne s'élève-t-il pas toujours par la grandeur et l'élévation de qui il sert ? A la cour, tout est grand, jusqu'au marmiton, disait Paul-Louis. Mariette se sent une Yolande en raccourci. Même dévot phébus, même dédain de la nature, même répugnance outrée, affectée et montée haut; mêmes contorsions, mêmes simagrées, mêmes grimaces. Pour Mariette, ni plus ni moins que pour Yolande, l'enfer est l'endroit où il pue.

Tout beau, douce et chaste Yolande! il y a des points noirs à l'horizon. Voyez comme tourbillonnent les nuages. Voici le 4 septembre, la république, le règne de l'égalité qui s'inaugure, le chaos et la confusion qui se débrouillent, le jésuitisme et la bourgeoisie gentilhommière à deux doigts de leur déchéance. Tomber en tel panneau, pauvre Yolande! Nul recours, nul refuge que les hobereaux prussiens en armes. Eux seuls vous peuvent sauver. Voici Gambetta et des fusils partout, mauvais fusils; fusils, néanmoins. Les fils d'Hercule de Richomme, les vôtres, les hoirs de Richomme le butor réduits à se mettre au rang, coude à coude avec le premier venu. Quelle abomination! Vit-on jamais telle déplaisance?

La conscription a pris le dessus du panier, la mobile a eu le reste. Que veut donc Gambetta? Yolande se rit des mobilisés. Pure frime : elle a peur. L'Abergement donne cinquante engagés volontaires de tout âge. Mariette ébruite et répand dans la ville les brocards de ces Messieurs aux commérages du soir. Les campagnes, la ville, donnent un superbe bataillon d'hommes robustes et de belle allure. M. de Studéas couvre le pays de décourageantes dépêches. Profond déboire; tous les républicains connus pour tels sortent officiers à l'élection. Armée de Gambetta et de la Révolution, armée de vieux garçons : c'est le cri de la gentilhommerie postiche et des sacristies. Garçons, non pas : ils ont épousé la République. L'idée républicaine s'est réchauffée, a levé et mûri au sein des campagnards par le dévouement réciproque et les communes souffrances.

Çà! Corbineau, à la rescousse! Malebranche en campagne! Mᵐᵉ de la Saulaye sur pied! Mˡˡᵉ Désormeaux, à vos dépêches! Libri, Pépuan, debout! Il s'agit de renier la patrie et de sauver la gentilhommerie embéguinée. Tous, écoutez la chaste et dévote Yolande!

Déjà le maire Malebranche a renoncé aux *buveurs de sang*, ce vieux cliché traîné à tous les carrefours de la réaction. Pour la première fois, il parle de république et de 89. Il s'agite, se démène, zélé, ardent, empressé, sous cape riant. Ses mobilisés sont habillés, quels habits! de l'amadou, des loques à la quatrième étape; équipés, quels sacs!

avachis, ils retombent au bas des reins; quelles cartouchières! frisées, recroquevillées, elles ne tiennent leurs cartouches; munis, quelles cartouches! tout d'abord éventrées et suintant leur poudre. En ses courses à tous les points de l'horizon, Malebranche a rejoint le Prussien Klopstein. Avec l'étranger, quelles gorges chaudes de tels soldats improvisés! Bismarck en saura des nouvelles. Paysans armés, dira plus tard le ministre prussien à Jules Favre. Paysans armés, soit; mais six cents mille hommes qui vous tiennnent en deçà de la Loire, vous réduisent à l'armistice, à la fausse et piteuse entrée dans un coin de Paris; n'osant, avec des baïonnettes partout sur vos derrières, ni vous enfoncer dans le Midi, ni affronter la grande ville soulevée.

Eux, ils s'en vont, dénués, sans canons, au hasard de chaque jour, s'appropriant par l'espérance la délivrance de la commune patrie: à Autun, couvrent les derrières de Garibaldi; à Nuits, ceux de Cremer, bordent la Saône, le Doubs, la Loue et l'Ognon; aux trois journées de Dijon, sont à Saint-Apollinaire, au mont Musard, à Plombières, à Hauteville, à Fontaine, à Daix, à Quétigny, à Couternon. Il en tombe à l'abbaye d'Assey. Il en tombe

sur tous les chemins par la petite vérole, par la
pneumonie, par la neige, les pluies, la fatigue, les
marches, le rhumatisme et les fièvres pernicieuses.
Où étais-tu, Wouters, colonel de sacristie, créature
de Corbineau et d'Yolande, quand, pour la première fois, l'Abergement marchait, au pont de
Molay, à la rencontre [des Prussiens? où encore
quand, par Rochefort, Hamange, on s'empressait
au cours de l'Ognon menacé? Au chef-lieu du département, tu touchais ta retraite; à l'Abergement,
tu suivais la procession montée par Yolande, Malebranche, Pépuan. Les tiens marchaient à l'ennemi! toi tu priais, oyant la messe, à deux genoux,
l'œil au ciel, à deux mains. A Dijon, en janvier,
trois jours le canon, la fusillade. Quand t'a-t-on
vu, lamentable Wouters? Le troisième jour, à six
heures du soir, tout feu éteint, tout péril passé. A
l'Abergement, tu machinais de longue main l'élection du comte de Studéas à la future assemblée ;
celle d'Eliacin Adjacet, le jeune candidat choyé
de l'Eglise. Où étaient tes fils, dévote Yolande?
Ambulanciers à Lyon, loin des horions, abrités de
leur croix de Genève et de leur scapulaire. Grand
merci à Corbineau qui a donné Wouters aux mobilisés, une soupape de sûreté pour la gentilhom-

merie postiche, qui a dérobé aux coups les fils d'Yolande.

Épave de caserne, grognard d'esplanade, que ce Wouters, la face rogue et grimaçante, la main crispée, comme un chat aux prises avec les dernières convulsions de la mort, hâbleur à table, détracteur de qui commande, désobligeant avec ses officiers, outrageant pour ses soldats, décourageant pour tout le monde, jaune de poil, gelé d'allure, avec un paratonnerre dans le dos, vieux caporal à faire des noms de Dieu sur les rangs, à tourner le dos au danger. Il était clérical et dévot. Corbineau, à la prière d'Yolande, s'était hâté de mettre la main dessus. En février, Yolande l'eut tout prêt pour distribuer les bulletins cléricaux dans la légion de l'Abergement-sur-Rioni.

Yolande avait à Bordeaux, à Versailles, une assemblée selon son cœur. L'avenir appartenait au cléricanisme. Hercule se frottait les mains, Agoard se carrait dans sa gentilhommerie postiche, Malebranche ne se tenait pas d'aise. On riait aux mobilisés de retour à l'Abergement-sur-Rioni. Plus d'un manquait à l'appel, plus d'un tombait encore des suites de la campagne, on n'en tenait compte. Mariette tout haut désignait qui s'en était tiré sans atteinte, robuste et le teint fleuri. Yolande tout bas dans son cœur remerciait la Vierge, qui avait sauvé l'Abergement-sur Rioni. Ah ! si Marie nous eût lâché la main, disait-elle, de son air le plus confit, qui donc nous eût retiré la bride?

Enfin, rêvait Yolande, nous voilà sur l'eau. Ce n'était que partie remise. Il n'y aura guère que vendanges seront faites, et, pour mon compte je n'y aurai pas nui. Déjà Pie IX rentrait dans le domaine de saint Pierre, reconvoyé par les armées mutilées de la France. La presse était muselée, le bon sens coffré. Les missions allaient lever partout leurs oriflammes. Henri V serait réclamé par la fille aînée de l'Église comme l'oint du Seigneur et le providentiel sauveur de la vieille société.

Hercule, Agoard, Estèphe, Théobald, tous les Richomme s'empressaient aux démonstrations légitimistes, rapportaient triomphants le blanc brimborin agrémenté de la formule de l'avenir : *Rome et Chambord*. Pauvre Yolande, le moindre vent la gonfle, l'emporte haut et loin.

Yolande, pourtant, a gagné le quine. Paris se ferme sur Versailles. La clique bonapartiste s'est jetée à corps perdu dans la gigantesque bagarre. Tout le personnel de Piétri est sur pied, l'Internationale, les blouses blanches, les Vallès de la presse soudoyée, les Assys des grèves impériales. On roule le pétrole aux édifices pleins de pièces de comptabilité compromettantes pour le gaspillage napoléonien, de dossiers judiciaires pour les malandrins et tard venus du bonapartisme. Les incendies s'allument formidables. Le *Gaulois* embouche sa sinistre trompette épique, sonne l'alarme et le tocsin. Par Libri, par Pépuan, par Mariette, le journal se répand à profusion, les numéros inondent l'Abergement-sur-Rioni. Les plus fermes républicains hésitent dans leur honnêteté, les autres sont consternés et vont déserter leur cause. Que leurs lignes flottent ébranlées, se disloquent, et il en fera bien aise à Yolande.

Térébenthine et pétrole, mon cher, térébenthine et pétrole, il n'y a que ça, sois en sûr, tout le reste n'est que graine de niais, disait un jour devant une table de café un artiste parisien à son ami, comme lui réfugié à l'Abergement-sur-Rioni, pendant la Commune, et, comme lui, éprouvé par la goutte. Térébenthine et pétrole, nous voilà flambés, grommela Blomet qui entrait. Rapport immédiat à Mme de la Saulaye, rapport à Malebranche, à M. de la Chataigneraye. Commentaires, conciliabules. Térébenthine et pétrole ! se répétaient les hoberaux frelatés. On commencera par nous, nous voilà sur le gril, dans un terrible fer à gaufre ! Ah ! ces républicains ! Il y eut des confidences de Mar'ette aux fournisseurs. Libri, Pépuan, allaient de maison en maison, sombres et mystérieux. Ah ! s'écriaient-ils, si à cette heure on ne peut dormir tranquille à l'Abergement !

Voilà où mènent les conversations et les confidences sur ses infirmités, disait à quelques jours de là un de nos deux goutteux averti. Tu en feras ce que tu voudras, moi je m'en vais. J'ai eu assez des voyous de la rue, il ne me soucie d'avoir affaire aux crétins des salons.

Ébranlée un moment sous tant d'assauts, l'opinion à l'Abergement se remit en selle. Les élections municipales avaient été une flamboyante manifestation républicaine. Le parti se serra, marcha compacte aux urnes. Il eut ses conseillers généraux, ses élections complémentaires.

Yolande, manœuvre habile, parle d'une souscription pour la délivrance du territoire. En attendant, elle érige à la porte de l'Abergement-sur-Rioni une statue à la Vierge, qui a couvert le pays de son égide et retenu les Prussiens à vingt kilomètres de distance. Toute l'armée d'Henri V a donné pour ce résultat, Mathusalem Élias, saint Vincent de Paul, Dorval, Libri, Pépuan, Mme de la Saulaye, Gent de Préval, le ban et l'arrière-ban du jésuitisme à l'Abergement-sur-Rioni. Il y a des indulgences spéciales attachées à l'inauguration. Quiconque y assistera personnellement augmentera sa réserve de lettres de change tirées sur l'éternité, sur l'autre monde.

Se mêler à la cohue des ouailles communes et vulgaires, allons donc! Yolande s'en garderait. Yolande sait ce qu'elle se doit à elle-même. Yolande a des dévotes à sa solde pour les pèlerinages divers, à la Salette, à Lourdes, pour les processions et inaugurations. De bourse et d'intention Yolande s'associe, est toujours de la petite fête. Yolande ne livre rien de sa personne. Yolande gagne les indulgences par substitution et par procureur.

M. AGOARD PLUMON DE RICHOMME

Nature, dit-on, se plait en diversité. Jamais plus que les deux Richomme, deux frères de même ventrée ne furent dissemblables, en disparate bizarre. Un seul caractère les rapprochait. Tous deux étaient patte pelue. Figure truculente et formidable, cheveux feutrés en poil de loup, chapeau crânement posé sur l'oreille, rabattu sur les yeux, muscles ronflants en Richomme l'aîné, fort et puissant ribaud, entripaillé à s'asseoir en un trône, gros piffre, marchant des épaules, le haut du corps en avant, le poing sur le rognon, la tête au cinquième étage ou au fin faîte des arbres, le museau enluminé et la face cramoisie, moulinant de la canne ou claquant de la houssine, se prélassant et faisant bonne trogne parmi les gens, houzé, éperonné, comme paladin et preux du moyen âge. Infatué de son nom et de sa gentilhommerie usurpée à ne pas entendre raillerie, qui le chatouille à cet endroit n'a pas besogne faite, peut s'en retourner l'œil poché. *Ex ungue leonem.* Car s'il cherche des airs de grand seigneur, Richomme le butor a l'âme d'un estafier, indocte et rustaud, avec un filon de pédanterie et cuistrerie.

Dès sa tendre jeunesse, il n'en fit qu'à sa tête et donna bien de la tablature à monsieur son père, le bonhomme Enguerrand de Richomme. Au dehors, il se prenait de bec avec quiconque, ruait, mordait à tous venants, battant les gens à sang et à marque, courant les terres, fourrageant les fruits, effarouchant à dessein, par projet et de propos délibéré, les poules du voisinage.

A l'Abergement-sur-Rioni, tout petit bourgeoiseau tient à honneur de souffler tellement quellement son vent en un bois ou en un cuivre. Richomme le jeune flûtait en ses chalumeaux et rustiques pipeaux. L'aîné s'était adonné à la trompe et au cor de chasse, comme plus étourdissant et assourdissant. Il en sonnait à tue tête, la journée durant. Au salon, fi des bienséances! Il crachait à la volée, marmottait de la bouche, dodelinait des jambes et de la tête, bâillait comme un coffre, et, sans dire gare, faussait compagnie aux honnêtes et communes fréquentations de son père.

Garçonnet à peine épanoui, frais encore comme la feuillée au printemps, déjà il poursuivait aux bonnes de sa mère le dernier but du contentement d'amour, les guettait, l'été, par entre les feuilles, dans les rivières où elles se baignaient, trépignant tout ainsi que satyre à la vue des bacchantes; l'hiver, ne faillait à leur donner les Innocents en leur lit. Passait-il par le pré, il s'en allait badin, chantant les vers du *Roman de la Rose* :

> Aussi bien sont amourettes
> Sous bureau que sous brunettes;

aux pastoures et bergères de la maison jouait un tour de son métier, leur faisant du pis qu'il pouvait. S'il ne leur baillait la cote rouge, à tout le moins leur baillait-il la cote verte, puis s'en retournait, cornant sa prise, sans plus de vergogne.

Le bonhomme Richomme passé de vie à trépas, le butor eut planté de tous biens, belle terre d'un seul tenant, avec maison en un clos sur le devant. Loin de mettre l'embargo sur une femme, de se sauver des griffes du malin, d'éponger sa vie et de chanter heureuse palinodie, Richomme, toujours maussade, saccadé, revêche, morgant, incohérent, insoutenable, se mit à tourner à tous les points du compas. Était-il donc écrit aux tablettes de Jupiter, pour user des termes d'Homère, qu'il s'en irait, se donnant au diable, de boutades crapuleuses en boutades crapuleuses, tant que pieds le sauraient porter?

Il n'était, de là entour, tripot, foire, marché, vogue, fête villatique et bagarre, qu'il ne hantât, où il ne livrât bataille, à ses périls et fortunes, jamais à court, pour lui aider, de croque-lardons et plats écornifleurs, menins tapageurs et grivois mignons assortis à sa pétulante humeur.

Tout matin, il se levait le bec salé, répétait-il lui même, tuait le ver aux chaudes pointures du vin blanc, aux dévorantes ardeurs de l'eau-de-vie de marc, s'en allait à la Chevalerie dire pis que pendre des gens avec ces Messieurs de l'Abergement, et n'en perdait pas un coup de dent à déjeuner. Surnourri, farci, surdésaltéré, le cap à doubler pour lui, c'était d'attraper le dîner. Il avait des livres, ne lisait jamais, en usant avec eux un peu comme Salomon avec ses sept ou huit cents femmes. Ribon, ribaine, Agoard, des lettres nonchalant, faute d'emploi de son temps, en était réduit à toujours avancer son dîner. L'en eût-on cru, il aurait fini par dîner la veille. Le soir, syncopé d'ivresse rouge, il errait solitaire en son clos, s'exhalant aux arbustes et branchettes de pin, épanchant son beau naturel, rendant son vent par tous les bouts. Allaient grand train, hoquets, rots et pets de ménage, comme n'eût pas craint de dire Rabelais. Encore s'il se fût tenu. Mais plus d'une fois on le vit choir tout de son long et rendre compte de sa viande mangée. Ainsi se préparait à la domination gentilhommière et à l'empire bourgeois dans l'Abergement-sur-Rioni, le noble héritier des Plumon, prince à marcher sur la tête des gens.

A voir la couleur de son visage, son nez cardinalisé de septembrale purée, fleuri de farineuses bubelettes, on le devinait plus serviteur de Bacchus que de Diane. Agoard, pourtant, chassait avec fougue et ardeur. Quand, à l'aube du jour, pour mener la bête battant hors du bois, des hêtres et fouteaux, il sortait, le bissac gonflé de victuailles, la gourde pleine au côté, sinistre et formidable, casqué de loutre, bardé, brassardé, cuirassé, cuissardé de peau de daim, diantre! s'écriaient les gens. Gare aux récoltes et ignobles guérets devant ce farouche rêveur de landes féodales. Fatale, la journée aux paysans, mais fatal aux domestiques de Plumon le retour de ce butor, surmené par la marche, l'eau-de-vie et la fatigue. Il avait regret alors au bon temps du droit féodal, songeant à ce hobereau des environs de Montbéliard qui, en revenant de la chasse, avait le privilége de réchauffer ses pieds gourds aux entrailles palpitantes d'un serf frais éventré et écorché vif. Oh! de tous les débottés le plus plaisant! Dommageable du moins et de nauséabond régal à ses gens était le débotté de Plumon, hurlant, sacrant, bousculant, dont les infirmités et gros inconvénients commençaient par les pieds.

Tison d'enfer que ce gros tripier. En lui ni foi du centenier, ni foi du charbonnier, ni prières, ni pratiques dévotieuses, ni cauteleux sous-entendus des sacristies. Il allait brutalement son droit chemin. A ses yeux, le prêtre n'était que le fouet, la verge et le serre-gens de la canaille, bonne à réduire par la terreur, le fer et le feu. « Il faut qu'un curé croie un peu, pour n'être pas hypocrite, écrit Chamfort, ne soit pas sûr de son fait, pour n'être pas intolérant. Le grand-vicaire peut sourire à un propos contre la religion, l'évêque rire tout à fait; le cardinal y joindra son mot. » Agoard dispensait son curé de la foi et de la tolérance, le voulait rude, cassant, de zèle emporté et sauvage. Faire litière des croyances et prescriptions de l'Église, et croire au moine bourru, aux loups-garous, au sel renversé, aux pailles en croix, il n'y a pas d'apparence. Tel était pourtant Plumon, d'esprit étroit, myope, l'œil sillé à toutes les vulgaires et enfantines superstitions des vieux âges.

Ne lui parlez ni d'égalité ni de droits, il ne connaît que le privilége et la gentilhommerie postiche. Le reste ne vaut la peine d'être nommé. Des conseils municipaux en France, soit; mais que ces Messieurs de l'Abergement, en toute légalité et sécurité, maîtres de la place, se passent réciproquement la rhubarbe et le séné. Des industriels, des artisans administrateurs de leur commune ! Une pareille idée le forcène, le met en transe. La doucette Yolande, qui ne voulait la mort du pécheur, s'extasiait à la pensée de voir tantôt fouetter sur le champ de foire tous les républicains de l'Abergement. Tel holocauste n'eût suffi à son beau-frère le butor. Il n'aurait paix, disait-il, que le dernier des républicains ne fût étranglé avec le boyau du dernier des libres-penseurs.

Festoyer chaque jour, s'ébattre et se bronzer, guéyer l'avilissement, faire bon marché d'autrui, aller de la dînée à la soupée, sans autre souci, c'était bien. Vint pourtant la trente-cinquième année. Mangerait-il l'artichaut jusqu'à la dernière feuille? Yolande, tenue pour sage, mit sa figure de carême prenant, intervint, tança, à bon escient parla, de point en point fit à Agoard démontrance comme il appartient. Les plus courtes folies sont les meilleures, dit-elle, l'estomac n'amuserait pas toujours, les forces pourraient bien une fois ne plus aider à tuer le temps. Il deviendrait intolérable à lui-même et aux autres. Oncques place bien assaillie ne fut, qu'elle ne fût prise. Agoard se rendit à discrétion, se mit en campagne, chercha femme et alliance.

A bien des portes il heurta, priant d'amour et tranchant du prud'homme. Mais cette farine sur son visage,

Qui fait fuir un sexe qu'il adore,

lui joua mauvais tour. Il fut éconduit tout à plat. Heureusement pour lui, en sa détresse, Corbineau avait sur les bras Fanchette Angibaut, une fille amoureuse et drue, une bonne vesse, eût dit Brantôme, embarrassée déjà, racontait-on, et pressée de prendre au plus tôt patente, masque et livrée. Agoard épousa sur l'étiquette du sac. « Telle délicatesse de sa part, qui l'eût jamais imaginé? » murmurait Hercule, le lendemain des noces, en montrant à Yolande les bottes d'Agoard à la porte de la chambre nuptiale.

Avec ce franc animal lune de miel ne dura guère. Huit jours, un siècle pour Plumon goulafre et ivrogne. Il retomba au vin blanc, à ses colères et brutalités. Sa Fanchon en eut des marques et noirceurs. Se tirer de la gueule du loup, elle ne pouvait. Et pourtant ni douceur, ni sûreté au commerce de pareil homme.

Elle avait sous la peau bien des ardeurs qui lui remontaient à l'entendement en troubles vapeurs, en imaginations impétueuses et désordonnées. Grande détresse d'amour. Brûlante, elle allait en son clos sous les grands arbres. Fleurs n'y manquaient, gazons feutrés d'herbe délicate et menue non plus. Sur un banc taillé de pierre, songeuse, elle s'asseyait. Non loin sourdait bruissante fontaine avec ruisselet qui fluait tout alentour. Fanchon longuement regardait besogner au jardin. Le jardinier était beau gars, vingt-cinq ans, fleur et verdeur. Le sang en courait aux joues de Fanchette, et le cœur lui sautelait, haletait, tout ému en sa gorgerette. Comme brillent ses yeux, se disait-elle, et elle oubliait les mains endurcies du labeur des champs. Sous ce regard, le jouvenceau s'échauffait en son harnais, car autrement ne se peut, poussait sa marre, en suait et ressuait d'ahan, n'osant toutefois lever la tête, tant ses ardeurs lui semblaient n'être fondées à nulle fin. Un mot entre eux, un seul mot prononcé, et la glace était rompue.

Fanchon se leva hors de sens, s'en revint chez elle, ne voyant à coulpe et mignon péché nulle heureuse couverture, nulle occasion qui ne portât avec elle quelque soupçon. D'angoisse, en ses mains elle se prenait la tête, pleurait, trépignait. La nuit, elle ne dormit, le lendemain revint au banc de pierre, ne ferma l'œil, la nuit suivante, tant qu'à la fin elle dépérit, couvrit la beauté de son visage du masque de la mort, où d'heure en heure elle commença d'aller joyeusement.

Force fut bien à Plumon de se résigner à solitude et viduité. Car de retâter des noces, il n'y fallut songer. Il avait donné du mariage si mauvais déjeuner à Fanchon, que nulle ne voulait avec lui souper de telle viande. Yolande, cette fois, ne s'avisa d'y contredire. La fille de Fanchon morte comme sa mère, si telle était la volonté de Dieu, Estèphe et Théobald de Richomme, les deux fils d'Yolande, n'en seraient que plus riches un jour.

Cette fille unique d'Agoard, la joie et le soulagement de son père, allait toujours de bien en mieux. Le butor ne lui savait rien refuser. Corbineau le vit bien, la désigna à Mme de la Saulaye, à Yolande, au clergé de l'Abergement et des environs. Proie copieuse et opime, à rengréger le domaine de l'Église, on la guetta d'un œil jaloux, la cajola, l'entoura. En dépit des paternelles supplications, la fille entra au couvent d'Étioles. Le bonhomme Plumon vit bien alors que bons aux églises et prédications, les prêtres aux maisons sont antechrist.

Le jour même de sa majorité accomplie, la jeune novice, dûment chapitrée par la supérieure, sans regimber ni demander sauf-conduit de parler, signa une procuration minutée et couchée par écrit de la main de maître Jacob Gonet, ex-tabellion taré et cauteleux grimaud passé à la solde de

6.

la communauté. Comment se fût-elle défendue, ignorante et impérite qu'elle était? Droits de sa mère, donation, de l'hébreu pour elle. Pendant que le gros Gonet déroulait ses explications et admonitions entortillées, indifférente, distraite et rieuse, la novice n'avait d'yeux que pour le ventre rebondi du vieux grimaud. En la vaste culotte de lasting, où d'habitude il dormait à l'aise, retombé sur lui-même, comme pâte en son rond corbillon, le bedon s'en allait sautelant par intervalles, s'affaissant et remontant nonchalant en son gras fondu jusqu'à l'orée de sa large baie, à peine retenue sur le creux de l'estomac par trois noirs boutons de corne. Quelle donation eût valu pour la jeune fille pareil réjouissant spectacle?

Quand Gonet, muni d'une procuration en bonne et due forme, réclama l'hoirie maternelle de l'enfant, le butor protesta, il n'avait que cette héritière, pleura même. Rien n'y put. Gonet ne lâcha prise qu'il n'eut le tout entre mains. Du moins Agoard voulut-il voir sa fille, et, toute paresse cessante, s'en vint à Etioles. En vain. Sa fille était partie pour Paray-le-Monial. Sans se donner de relâche, Agoard y courut. De sa fille, point de nouvelles. Elle était à Cluny. Nul découragement en ce père. Il se rendit à Cluny. Sa fille venait de regagner Etioles. A Etioles, Agoard la trouva de la veille envoyée à Autun. Tant qu'à la fin, renonçant à tourner en ce labyrinthe et dédale, il se rendit à discrétion, fit le mort. La religieuse survécut six mois. Sa donation au couvent servit à poser la première pierre de la maison de Vermont, à trois lieues de l'Abergement-sur-Rioni. Pauvre Plumon! Ah! si des regards il eût pu mordre! mais qu'y faire? Telle est la tradition de l'Eglise. Saint François, pour donner aux pauvres, volait sur les grands chemins. Afin de refaire le domaine de l'Église, le clergé aujourd'hui a partout ses Jacobs et ses Gonets.

A tout le moins, si Agoard n'eût pas été hors d'âge, eût pu encore jouer quitte ou double; peut-être eût-il réussi à se remarier, et sa maison fut-elle à sauveté retournée et à fortune soutenue.

Sa mésaventure avait occupé les langues. Vitupéré du clergé pour ses démarches et son obstination à rechercher sa fille, le butor savait les diaboliques rancunes des sacristies, ne voulait être anathème, mis par les jésuites au ban de la gentilhommerie bourgeoise. Il prit du champ, médita longuement, pour se tirer d'affaire, ayant en sa manche et en son sac à malices des tours d'adresse et d'hypocrisie.

A Lyon, Notre-Dame de Fourvières; à Marseille, Notre-Dame de la Garde; à Paray-le-Monial, Marie Alacoque et sa chapelle; en d'autres villes chacune son dévot prestige. A l'Abergement, pour le recommander, rien que les intrigues de ces Messieurs et des jésuites. Dans ses combles, Plumon déterra un vieux bois vermoulu, une tête d'évêque, épave de quelque démolition de cloître. Cachée par lui au fin fond d'un fissure de rocher, retrouvée, faveur du ciel, portée, à travers les rocailles, dans une bouille et hotte à vendange, installée sur la montagne, en une masure adossée aux ruines d'un château démantelé, la relique eut grande vogue. Miracle! cria Agoard. Chorus du clergé. Le populaire s'y laissa prendre. Saint Garadeu, ainsi se nommait le nouveau saint, en grand'pompe, inauguré, fit la pluie et le beau temps à l'Abergement-sur-Rioni, eut sa notice et sa légende, ses cures merveilleuses, ses béquilles en *ex-voto*, ses pèlerinages de la Mecque à dix lieues à la ronde.

Plumon est-il ainsi réconcilié à l'Église? Il sait à quoi s'en tenir. A plusieurs reprises le feu a été mis chez lui. Rancune de vieux libéral de la Restauration, disent les uns; coup fourré du jésuitisme et dévote exécution des sacristies, insinuent les autres; ressentiment populaire de la foule, qui jamais n'a vu le butor, comme tout le monde à l'Abergement, prêter la main pour éteindre le feu chez autrui, assurent les gens les mieux posés pour tâter le pouls à l'opinion publique à l'Abergement-sur-Rioni.

Bien en prend à Plumon de ne pas avoir la pépie. Homme de tout point malheureux, à tomber sur le dos et se casser le nez, du moins, pour consolation et soulas a-t-il la dive bouteille. Cette dévotion lui durera jusqu'à sa dernière heure. Que voulez-vous? dit son frère Hercule, c'est son faible et sa prise. Et, à ses colères et emportements près, nul de la gentilhommerie postiche ne le prend en mauvais gré. Ainsi en va-t-il en ce petit monde. Ils ont beau se dégrader, ils se soutiennent par leur masse, ils sont un corps. Grand merci au clergé qui les discipline, les soude les uns aux autres, pour les jeter, digue impuissante, à contremont du fleuve de l'avenir démocratique et républicain, qui de ses flots bat en brèche et submerge le passé du moyen âge.

M. ÉLIACIN ADJACET

> Quelquefois à l'autel
> Il présente au grand prêtre ou l'encens ou le sel.

Quelquefois seulement aujourd'hui, chaque matin jadis, en sa première enfance. Nulle charlatanerie en Eliacin, quand il sert la messe à l'Abergement-sur-Rioni, ou en quelque autre centre bien pensant, qui l'a, en février, envoyé à l'assemblée de Bordeaux.

Eliacin est décent, tempéré, congru, recueilli en ses allures. Servir la messe pour Eliacin, doux souvenir et regain de jeunes ans. Il y va de génie et de nature, candide, ingénu, point austère en ses façons, point compassé et confit, point courbé et rampant dans la poussière, point fraisé et empesé non plus.

Eliacin est joli, joli, un enfant de l'amour, frais

minois, figure correcte, physionomie angélisée et douce, grand, bien fait, proportionné, élégant en ses membres. Rien de plat, de collé en ses cheveux, qui sente sa sacristie et sa fausse prud'homie. N'était l'habit noir à queue de pie, la cravate blanche, le pantalon noir, les bas blancs, les escarpins à floquets, la fine soie des noirs favoris en côtelettes, on le prendrait pour un de ces christs rêvés par les dessinateurs de Gosselin, l'éditeur parisien des imageries religieuses. Encore jeune d'ans, Eliacin touche à peine à la quarantaine, rien de viril n'a pu remonter à cette physionomie d'enfant de chœur, restée, en dépit de la barbe et de la mue, à l'âge de l'adolescence.

Venu le moment de la communion, Eliacin laisse l'autel et la clochette au desservant ordinaire, s'en va, l'œil baissé, les mains l'une contre l'autre étalées en proue à fendre l'eau, s'agenouille, prend la nappe sur les deux premiers doigts de la main, tire la langue et reçoit l'hostie. Il est parti de la veille par le train-poste, absous et en état de grâce. De Versailles à la sainte table il n'a fait qu'un saut. Grande édification pour Yolande de Richomme et les dévotes ouailles de l'Abergement-sur-Rioni.

Ce néanmoins, les républicains de l'Abergement, gens mal léchés sans doute et de difficile
humeur, prennent en déplaisir ce dévot et char-
mant député. Qu'y faire? Tel est le train ordinaire des choses.

Ce qui plaît à l'œil sain offense un chassieux.

Eliacin, je le veux bien, point revêche et rechi-
gnant, a voté la décapitalisation de Paris, les
messes officielles, les prières publiques, les cas
rédhibitoires des séminaristes et congréganistes
en la loi militaire. Eh qu'importe? Prenez-vous-
en au comte de Studéas, son chef de file, aux
jésuites, ses maîtres et précepteurs, au licou que,
dès sa plus tendre enfance, lui a passé la sacristie,
à la pédentaille des gentillâtres embéguinés, non
pas à Eliacin, homme à ne pas se fantasier le cerveau de vain souci, habitué de longue main à
vivre par procureur, sans pensement aucun, nul-
lement espoinçonné du mieux, de l'idéale équité,
du progrès, sans idée qui enlève et transporte,
à l'amble dans sa vie, méthodique, point vif de
courage et tout chaud d'espérance, docile, humble
en son philosopher, ni intègre, ni vénal, reposant
toute nuit sur l'un et l'autre flanc, le cerveau bar-

bouillé de lièvres cornus, pipé de dévotes chimères, rompu à la discipline et obédience, naviguant selon le vent qu'il fait à Rome et au Gesù.

Qui pêche avec le ciel, pêche honorablement,

se dit-il à lui-même. Et d'ailleurs, pour faire de l'indépendant et du superbe, est-il donc fils de la poule blanche, *gallinæ filius albæ,* comme écrit Juvénal? Noël Adjacet, son père, était simple bourrelier de son état. Doucet de geste et de parole, le teint pâle, mat, traître au vin, avec un nez naturellement étoffé, authentique, paraphé, le bonhomme, à son dam, aimait peu le travail, beaucoup la bouteille et le cabaret, par ainsi en misère confiné et fort sujet aux crottes. Pour comble, il n'avait su résister au nez haut relevé de Paquette Quintienne, à ce minois de taches tavellé comme ventre de faon et de biche. Paquette était dévote patenôtrière, d'ailleurs, grande mangeuse d'images et cidaline ordinaire des églises. D'autant mieux vue de ces messieurs, à l'Abergement, serait la boutique du bourrelier. Noël épousa Paquette. Sage au parler, elle était folâtre à la couche. Adjacet en eut trois enfants, trois garçons heureusement. Les bambins par les rues s'en allaient rapetassés, l'habit de tout partout cicatrisé. Il en fâchait bien fort à Paquette, ainsi à la merci de fortune, toujours en tremble et aux alertes.

Se prendre corps à corps avec Adjacet, désengourdir telle indolence et tirer à bout touchant sur son ivrognerie, de rien il n'eût guéri. A savonner les oreilles d'un âne on perd son savon, dit le commun proverbe. Point hargneuse en ses façons, ni curieuse de discorde à la gueule sanglante, caressante et chattemite au contraire, parlant bible et évangile, baillant aux gens le lièvre par l'oreille, vivant par poids et par mesure, un poil jamais ne passant l'autre, femme à remâcher vingt fois un propos avalé, Paquette laissa sa figure de pince sans rire, et dolente, gémissante, marmiteuse, le verbe humble et remis, s'en vint, blanc scofion en tête, le dos boulé en hérisson, intercéder de porte en porte, historier ses misères par le menu, et tâter le pouls aux dames de ces Messieurs de l'Abergement-sur-Rioni.

> Femme se plaint, femme se deult,
> Femme pleure quand elle veut.

Au partir de là, les maux de Paquette ne furent

que fleurettes. Rien plus ne lui vint à contrepoil. On mangea humainement chez Paquette qui, d'ores et en avant, tout dimanche, eut la poule au pot du bon roi Henri IV. De ses trois garçons, enfants de chœur, adoptés par la sacristie et la gentilhommerie bourgeoise, les deux aînés allèrent au séminaire. L'un est aujourd'hui aux missions étrangères, l'autre aux aumôneries militaires. Le troisième, Eliacin, si sade en ses façons, était réservé par Corbineau à bien autre destinée.

De tout bois, comme on dit, Mercure on ne façonne.

Au premier coup d'œil, Corbineau avait déchiffré Eliacin, en avait bien auguré pour le succès de la grande intrigue cléricale et jésuitique. Modeste, humble, de visière tendre, sans appétit de gloire et de bruit, point convoiteux et ambitieux de cœur, enfant prêt à anéantir son propre caractère, et, plutôt qu'attirer l'attention, résolu à se précipiter dans l'effacement et la nullité, bien en mémoire, sans indigence naturelle d'esprit ni maladresse de cervelle, sans distinction non plus, le jeune Eliacin lui sembla tout fait pour le rôle où il le voulait appeler. Il n'y avait qu'à pétrir avec suite et méthode.

Conformer la raison de l'enfant à la raison publique, voilà l'éducation, affirment les sages. La raison publique, le clergé ne s'en soucie. Son point d'honneur est d'aller au rebours du commun et universel sentiment. Ses dogmes, ses idées surannées, sa foi, à la bonne heure! Point de libre examen, point de raison, de l'autorité. Discute-t-on la foi d'ailleurs? Pilule amère, mâchée, elle ne s'avale.

Selon le corps, se répétait Corbineau, taillons la robe. Il surveillait attentivement Éliacin, le conduisait au doigt et à l'œil, pour marcher, le mettait devant derrière, à reculons de son temps, le laissait descendre, comme de lui-même, tout doucement, sans heurt, sans gourmade, sans éclaboussure, faisant insensiblement du cerveau de l'enfant châssis tissu d'araignées.

« Pour être dévot, écrit Chamfort, il faut, outre la sottise de croire pour faire son salut, un fonds de bêtise quotidienne, et c'est ce fonds qu'on appelle la grâce, » Corbineau réussit à ce point que jusqu'à ce jour la grâce n'a jamais manqué à Éliacin.

Enfant, chaque matin, Éliacin servait la messe, de là passait au collége de l'Abergement-sur-Rioni, studieux, appliqué, bien voulu de ses maîtres. Tout dimanche, Éliacin, absous par un confesseur soigneusement endoctriné par Corbineau, communiait, chantait aux offices, portait la croix ou le dais aux processions. Quel attendrissement en Yolande de Richomme, quand, la grand'messe dite, Éliacin, suivant la coutume et manière des enfants de chœur à l'Abergement, allait, de maison en maison, le blanc bissac de toile au cou, à la main son petit bénitier de ferblanc et son mignon goupillon, asperger le foyer d'un chacun ! Tel lui mettait une menue monnaie en son bénitier, tel un morceau de pain en son bissac. Tout heureux, Éliacin portait sa récolte et cueillette à Pâquette, sa mère.

L'évêque, dûment renseigné, ouvrit gratuitement son petit séminaire d'Étioles à Éliacin, qui fit là humanités et philosophie, philosophie hérissée par le dehors, creuse par le dedans.

L'âge au soin se tournant, quand Éliacin fut en sa barbe première, il se tâta le pouls. Comme ses frères prendrait-il les Ordres, entrerait-il en religion ? Quelque temps on le vit porter la tête basse, obsédé, ambigu et l'esprit dans le vent. Faire vœu de pauvreté pour ne manquer de rien, de chasteté

pour avoir toutes les femmes, c'était, il lui en
était avis, tomber de la poêle en la braise. Il s'en
ouvrit à Corbineau, qui le laissa conter son conte,
par là bien gratté où il lui demangeait. Corbineau ne voulait, en effet, ni lui forcer la main,
ni se donner pour l'avoir détourné de la prêtrise.

— Et le droit, lui dit-il, belle étude. Avocat,
brillante carrière.

— Je suis si pauvre, si dénué de ressources.

— Dieu abandonne-t-il les siens ?

Tenir cette jeune imagination le bec dans l'eau,
regorgeant d'incertitude et d'ennui, l'esprit à
l'abandon, sans dessus dessous, et n'ayant où se
prendre, Corbineau s'en serait gardé. « Pauvres
bourgeois-gentilshommes, ignorants, indolents,
mangeant chaque jour comme aux veilles des Rois,
dormant la grasse matinée, sans talent, sans idée,
toujours las d'aller, de cette humaine charpie que
saurait tirer l'Église ? Quand ont-ils montré de leur
eau ? Avec ça infatués, présomptueux. Ne semble-
t-il pas que le cheval volant n'ai pissé que pour
eux, pour user des termes du vieux satirique gaulois ?—Et nos prélats ? A quoi bons ? Des homélies,
des variations incolores sur le même air. Vieux

style, vieux langage démodé. C'est bien là de quoi nous remettre en selle, vraiment !

Benjamin est sans force, et Juda sans vertu.

« Non, plus de rochet, plus de soutane aux assemblées, des redingotes, des gens comme tout le monde, dressés par nous et dévots à l'Eglise. Ah ! il ne sera pas dit qu'il me sera tombé cette manne, cette liqueur rosoyante du ciel, un jeune homme facile à nos vues, et que je n'en aurai pas tiré parti. »

Sans plus paraphraser, dru comme navette au travers d'un métier, il courut les gentilhommières, parlant, démontrant, émouvant. Plus d'un s'engagea, et Eliacin, au mois de novembre suivant, s'inscrivit à la faculté de droit de Paris.

Ni jeune frisé, au quartier latin, ni marjollet, ni dandy, ni folâtre, ni cervelle échauffée de piot, Eliacin, comme par avant, marcha pedetentim, avocat, docteur, en tout digne de ses bonnes fortunes. Tout au plus, aux grandes fêtes, faisait-il bombance et carrousse avec ces messieurs de l'Eglise.

Au palais il débuta, fut à quia et demeura camus. Force fut bien à Corbineau de prendre une autre voie. Il trouva les fonds. Adjacet fut avocat à la Cour de cassation. Titre sonore, situation de plus de surface, de plus d'apparat. D'aise Corbineau se frottait les mains.

Vint la guerre, puis la République, puis Gambetta et la mobilisation. Eliacin partit. L'âge l'appelait. On ne le vit ni emplumé, ni galonné et brave comme Saint Georges, point désavoué de sa patrie non plus, ni bouffi de colère et rancune, ni sanglé, ni en somptueux arroi, ni paralysé, ni enthousiaste, ni d'aucune part contempteur et révoltant. « La plus perdue des journées, prétendent d'aucuns et des plus sages, est celle où l'on n'a pas ri » Pour Eliacin, c'est celle où l'on n'a pas obéi. Quand le clérical colonel Wouters, relancé par la pieuse Yolande de Richomme, le vint trouver à Dôle, sous les lambris des jésuites, caserne improvisée des mobilisés, il était en devoir de bien faire, astiquant son fourniment et nettoyant son fusil, n'ayant rien à mépris et à dédain, sans souci des rieurs, narguant la raillerie, ferme en son propos.

Wouters pestait, sacrait sur les rangs, manœuvrait très-peu, ne se battait pas du tout, correspondait beaucoup. Eliacin, devenu son secrétaire intime, faisait la toilette à ses écritures. Pourquoi les mobilisés l'eussent-ils vu de mauvais œil et pris mal en gré? Éliacin était affable, doux et serviable. A Baune, en février, au moment de la retraite sur la Loire, il eut sauf-conduit d'aller poser sa candidature.

Prier, orer, faire vœux et jeûnes, être aimable avec les gens, c'est bien; encore faut-il être un homme pour être député, vouloir quelque chose et savoir ce qu'on veut. A la table des officiers, la chose fut dite à Éliacin par l'un d'eux, très-enclin à sa liberté et peu disposé à prendre le change.

— Député, dit Éliacin, je suis l'esclave du suffrage universel. Il parlera. J'obéirai.

— Une feuille de saule alors flottante sur l'océan du suffrage universel, à la merci de tous les courants de l'opinion? Pour un simple particulier, passe, mais pour un homme politique, c'est tout autre chose. Que la Belgique, s'il lui plaît, se repaisse de cette baye, mise en avant par les ultra-catholiques pour battre les libéraux, c'est son affaire. Nous voulons savoir, nous, où vous êtes, où vous n'êtes pas, où vous serez, où vous ne serez pas, quoi qu'on arrive à faire dire au suffrage universel.

— Pourtant le souverain, c'est le peuple.

— Si le suffrage universel réclamait la destruction de l'Église et l'abolition du Christianisme, le suivriez-vous ?

— La foi et la conscience sont au-dessus de la politique.

— Pas plus que la justice toutefois. Précisons. Serez-vous pour ou contre la République.

— Si l'opinion veut la République, la République ne me trouvera pas en travers sur son chemin, la République, bien entendu, qui respectera l'Église, la foi de nos pères, les institutions religieuses consacrées par les siècles.

— Bien, monsieur Adjacet, Rome avant la France, le ciel avant la terre et l'humanité, l'autorité avant la raison et la fraternité. Vous êtes clérical, vous n'aurez pas ma voix. Il nous la gardait bonne, le petit Adjacet, avec sa théorie catholique du suffrage universel, disait, le soir, l'interlocuteur à ses amis républicains.

On vota. Eliacin eut cent cinquante voix dans la légion de l'Abergement-sur-Rioni, n'en fut pas moins nommé par le département à côté du comte de Studéas. Corbineau la portera-t-il loin ? Les jésuites en mettront-ils plus grand pot au feu ?

Un garçon hors de soupçon et de diffame, cet Éliacin, je le veux. Mieux vaudrait pourtant cheval bien dressé, allant de tous airs, orateur de haute guise, non pas de basse marche, comme est le député Adjacet. Les caresses des rois, a-t-on dit, étouffent la muse. Celles des jésuites et des sacristies tariraient-elles la source des grandes pensées, rendraient-elles incapable d'attenter choses hautes? Corbineau le vit tout à plein à l'assemblée de Versailles.

Éliacin se vint brûler à la chandelle de la tribune. Il travaillait dans les bureaux, faisait consciencieusement les besognes des commissions, votait comme l'entendait le comte de Studéas. Sur l'ordre de Corbineau, malgré sa déconvenue de jadis au barreau, il se résigna à parler. Il s'agissait de réorganisation militaire, après nos désastres. Éliacin mit par écrit ses phrases en rang et belle ordonnance, les apprit par cœur, et, le jour venu, hasarda le paquet tout à trac. Dieu des armées, soldat du Christ, devoir religieux, piété nerf de la discipline, il en dégoisa tout son benoit saoul, et le bec ne lui cessa qu'il n'eut homélié toute sa ratelée. Un abbé en bourgeois, disait-on dans les tribunes. Éliacin, le soir, tomba dans journaux.

On en rit à pleine bouche, à gorge déployée. Même dans les salons du faubourg Saint-Germain, il descendit et vint au rabais. « Adieu, paniers, vendanges sont faites », s'écria le duc Pasquier, en abordant Corbineau. « A beau jeu, beau retour, M. le duc, nous verrons, » répondit l'abbé qui ne perdait cœur et ne lâchait prise.

Après la moralité et la tragédie, la farce, c'était la règle sur nos vieux théâtres. Corbineau a conçu tout un vaste plan de pèlerinages religieux à Jérusalem, à Lourdes, à la Salette. Adjacet, oriflamme en main, conduira à la Salette les gens de son département et de l'Abergement-sur-Rioni. Avocat impuissant, piètre orateur politique, pèlerin enfin. Sera-ce le dernier avatar du petit Éliacin ?

M. STÉVONOÏ DE GUÊNETRANCHE

Tels originaux, les mères en sont mortes et les moules rompus. Même parmi les blancs nénuphars, à l'Abergement-sur-Rioni, il n'en surnage plus guère, en la mare de la gentilhommerie bourgeoise, qu'un seul échantillon : Zorobabel Stévonoï de Guênetranche, ce comte faible et décadant, ahanné, atténué et flasque, glorieux néanmoins, fort haute la main, le cerveau creux comme gourde évidée; l'âme chenue et déserte, stérile et bréhaigne; le cœur n'ayant jamais rencontré où se prendre; quadragénaire, pourtant, par ainsi en grand déclin et décours d'espérances pour l'avenir.

Les Guênetranche, telle race est maléficiée et frappée, dirait-on.

Cahin, caha, plick, plock, à droite, à gauche,

oscillant en pendule de coucou, dodelinant sur les hanches, la tête aux épaules, la taille nabotte, le buste ramassé, la jambe courte et grêle, le pied démesurément long et en dehors : c'est Zorobabel de Guênetranche et sa sœur Romilde, tous deux de la génération qui boite en cette famille et va aux Sténovoï, atteints, comme on le sait, de claudication congéniale. Telle autre génération a été tout entière aux Chataigneraye, à ce tronçon mal venu, où qui est homme est hébété de priapisme; femme, affolée d'hystérie. Pareilles régulières alternatives, de génération en génération, sont, assure-t-on, en nature.

Que faire de Romilde? Fillaude encore et tendrette, nul n'eût osé en bien augurer pour l'âge nubile, la famille et les noces. On la donna à l'Église. La voilà chanoinesse de Munich, en Bavière, rosette bleue au tétin gauche.

Tirer parti de Zorobabel, Gaëtan, son père, l'eût voulu. De bien difficile placement en ce monde sublunaire ont toujours été les hommes chez les Guênetranche. Gaëtan le savait trop. Mis lui-même au collége d'Etioles, ses prétentions nobiliaires avaient cueilli plus de gourmades que non pas son cerveau d'idées saines et utiles. De bonne heure orphelin de mère, d'ailleurs, son fils Zorobabel n'a-t-il pas, comme lui, été bercé au giron de Talpée de la Chataigneraye, sa grand-mère; berné par elle de creuses billevésées, pipé de lièvres cornus ?

Une monture difficile à tenir en bride, d'âpre et malaisé gouvernement, que cette Talpée, toujours d'humeur à hausser la croupière. A peine mariée à Jean-Baptiste Stévonoï de Guênetranche, elle avait couru à Paris. Un jour, les feuilles du temps annoncèrent que le roi avait reçu en audience particulière la comtesse de Guênetranche. De Guênetranche authentique, paraphé, entériné par lettres patentes au parlement de la province, se savait Jean-Baptiste Stévonoï, comte il ne s'était jamais connu.

Ouvrier verrier, venu de Bohême en France pour y faire son métier, le premier des Stévonoï, Ivan Stévonoï, avait été régulièrement ennobli, suivant la pratique du temps. Par cet appât et privilége, Colbert s'efforçait d'implanter chez nous l'industrie du verre et la fabrique des glaces, jusque-là le monopole de Venise et de la Bohême. On était gentilhomme verrier, comte non pas. Une insertion de la *Quotidienne* avait suffi à cette subite métamorphose pour les Guênetranche. Grand merci à Talpée.

S'en retourna-t-elle de là polluée et contaminée, ainsi que le conte en courut à plusieurs oreilles? Les gens de l'Abergement ne sont pas toujours indulgents aux bourgeois-gentilshommes. Paix et oubliance du passé, bonnes gens ! C'est affaire à Jean-Baptiste Sténovoï, son mari, qui ne s'en souciait, non pas à vous.

A son arrivée à l'Abergement, gonflée, surmenée de triomphe et de vanité, Talpée avait peine à se tenir dans sa peau, tant elle était aise et superbe. Au regard de Jean-Baptiste Stévonoï, Talpée se rengorgeait, se pavanait, faisait la roue, ondulait coquettement de la tête comme perdrix en un sillon.

— Jean-Baptiste Sténovoï, disait-elle, vous êtes comte de Guênetranche, je suis comtesse de Guênetranche, vos fils seront comtes de Guènetranche.

— En mettrons-nous plus grand pot-au-feu?

— Comte de Guênetranche, je vous dis ; comte de Guênetranche, entendez-vous?

Jean-Baptiste mit sa serpe dans l'une des poches de derrière de sa veste de camelot, son paquet d'osier dans l'autre, s'en alla, oscillant et claudicant, à sa vigne, nouer ses sarments, émonder son buisson.

Homme de sens, à ne pas donner dans les bouffées vaniteuses de sa femme, Jean-Baptiste maria ses filles en roture, à qui avait appointements et s'en voulait charger. Pour y avoir eu ses prémices et petits bénéfices, Talpée, prétend-on, n'y contredisait point. Le gendre faisait blanc de son épée dans son administration, cornait haut son alliance avec les Guênetranche. Talpée ne sonnait mot, ne se vantait de rien. Autrement ne se pouvait guère. Jean-Baptiste laissait couler l'eau par le bas. Tout le monde était content.

Jean-Baptiste, le premier, passa de vie à trépas. Sa bru, la femme de son fils Gaëtan, le suivit de près. « Voilà tout le sens commun des Guênetranche parti, s'écria le docteur Vien de la Perrière, en apprenant la mort de Jean-Baptiste. Arrivée à tel point, pareille race s'en va à vau l'eau, ne dure guère, si elle ne se renouvelle de bon sang neuf et vigoureux. A quoi vaporeuse Talpée mettra bon ordre. Fiez-vous-en à ses prétentions et folles visées. »

Talpée, en effet, avait pris en main la maison de

son fils devenu veuf. Résigné à planter modestement ses choux à l'Abergement, Gaëtan solitaire, confiné, l'été, en sa métairie de Cyr, l'hiver, en sa maison de l'Abergement, de rien ne prenait cure, par sotte fierté boudant tout le monde, par manière de distraction raclant lamentablement son violon et villatique crin-crin, par nécessité faisant maigre chère à son corps, grande chère au contraire à ses vanités nobiliaires. Talpée ordonnait et disposait tout.

Pauvre Zorobabel, étais-tu né sous étoile assez enragée ? Peu suffisant de tête t'avait fait la nature, de maladroite cervelle, de corps chétif, disgracié et brimballant, de jambe torte, désigné aux rieurs, marqué pour la raillerie, voué au grotesque. Talpée va t'achever et t'écraser. Fée malencontreuse, dès le seuil de la vie, à ton baptême, elle te voulut Zorobabel. Zorobabel ! nom étrange, bizarre, cherché loin, baroque. Ce boulet, déplorable Guénetranche, à ton pied tu le traîneras, la vie durant.

Joli garçonnet, pourtant, Zorobabel en son rose minois enfantin, blondinet, gracieux et souriant. Ah ! si la jambe de ses entraves se pouvait dépêtrer, redressée et mise en place ! disait Talpée. Dieu, ne feras-tu pas ce miracle pour l'un des tiens, un Guênetranche, un comte? Et à corriger ce vice de nature Talpée s'évertuait, aidée de l'infatigable dévouement de Marion, sa bonne.

Toute la journée, dans les champs, dans le jardin, sur les promenades, Marion tracassait son comte à la bavette. Cours, Zozo, disait-elle, ne pouvant arriver à Zorobabel. Zozo courait. Saute Zozo, et Zozo sautait. Zozo, l'arbre fourchu, et Zozo jetait en l'air ses petites jambes rebindaines, se tenait droit sur la tête, puis se remettait en pieds, gambadait, faisait culbutes et cabrioles. Peine perdue. Château branlant comme devant restait Zozo, adroit cependant et chaud à l'exéction. A de tels exercices il s'était si bien habitué et anezé qu'au premier appel des gens de l'Abergement; saute, Zozo, cours Zozo, Zozo ne faisait difficulté de sauter et courir.

Pour n'être ni affaité, ni fait à la main, à tout le moins le comte Zozo avait-il heureuse mémoire. Il récitait la Fontaine, Florian, Deshouillères, Boileau même et Racine. Talpée en raffolait. A tort. Mémoire d'enfant, chose décevante et trompeuse bien souvent. De mémoire surprenante est l'idiot, affirment les physiologistes et l'expérience.

On le vit bien aux études. Ni les Carmes, ni les Jésuites, ni les Dominicains, ni le petit séminaire, ni le collége d'Étioles, ne réussirent à rien, et le comte Zozo, destiné à l'école polytechnique d'abord, puis à Saint-Cyr, puis à l'école forestière en désespoir de cause, s'arrêta court en géométrie devant le carré de l'hypoténuse, ce fameux pont aux ânes, ne le put franchir, retomba finalement à l'Abergement, fruit sec et planteur de choux, comme Gaëtan, son père.

Un père dur et serrant que ce Gaëtan, gentilhomme verrier, plus verrier que gentilhomme, à ne rien lâcher et à tenir son trésor caché, comme un prêtre. Zozo avait cent sous par mois pour ses menues dépenses. Est-il assez déshérité, assez désemparé, notre comte Zozo? ni cavalcadour, ni chasseur; ni meute, ni cheval, ni fusil, ni chien. Qu'avril ramène la saison et venaison des cœurs, que d'autres à pleines voiles voguent dans la mer et douces eaux de Vénus, Zozo a vingt ans, tendresse et verdeur d'âge, et ne peut rien pour son plaisir.

Il souffle en un cuivre. Que n'est-il de la fanfare de l'Abergement? Un Guênetranche faire chorus et concert en roture, allons donc! L'Abergement a un cercle. Il y trouve toutes ces particules postiches dont Talpée lui a ressassé les histoires, cette gentilhommerie frelatée de l'Abergement, plus riche que lui. Le comte Zozo les dédaigne et au fond les hait plus que peste. Il a essayé de se frotter au comte de Studéas, est venu frétiller à l'entour. A bas les pattes, s'est brutalement écrié M. de Studéas. Guênetranche se le tint pour dit. Notre comte Zozo a cependant la tête bien près du bonnet, répétait Marion, quand on lui contait l'aventure.

Le comte Zozo ne se sentait de place nulle part, passait la journée à se dire qu'il était comte de Guênetranche, se mirait dans les nuages, s'exerçait à marcher devant sa glace, s'adulait, s'adonisait, faisait et refaisait sa raie à la Jésus-Christ, frisait sa moustache, se complaisait en lui-même, y passait les nuits quelquefois jusqu'au clair jour. Dans l'après-midi, il se posait sous le pendentif de ses rideaux de damas, la fenêtre ouverte sur la place de l'Abergement, et, ainsi encadré, la tête penchée sur l'épaule, à mode d'Alexandre ou d'Annibal, se donnait à contempler au vulgaire de la ville.

Ni ordre, ni demie, ni mesure, ni tact, ni discernement en cette tête, point d'invention non plus, ni d'à propos, fût pour la chose sérieuse, fût pour la rencontre joyeuse, désobligeant et déplaisant à quiconque, chacun le délaissa à son insipidité.

Se sourire perpétuellement à soi-même, s'appeler soi-même et comte et Guênetranche, pour tout passe-temps, gausser avec ses bonnes, les agacer de friandes paroles, c'était bien, mais c'était long. Il fallut en finir et aboutir. La vingt-cinquième année avait sonné pour le comte Zozo. Son père le maria. Telle manière de gens sont fort sujets aux cornes. Zozo a quarante ans aujourd'hui, et nul n'a tenu pour suspecte la vertu de Mme de Guênetranche. Seul au monde (il n'a pas eu d'enfants), par distraction il a voulu être conseiller municipal, n'a pas eu pour lui les rieurs, s'est retiré, et continue à trouver sa métairie de Cyr la plus belle du monde, sa maison de l'Abergement la plus confortable de la ville, les Guênetranche les comtes les plus authentiques qui soient en France.

Il va à la messe de huit heures, le dimanche; à la grand'messe, le jour de Noël et de Pâques, donne au denier de Saint-Pierre, et porte sur la peau le blanc brimborion avec la formule sacramentelle : Rome et Chambord. Qu'est-ce que Rome ? qu'est-ce que Chambord? Pourquoi le comte Zozo est-il clérical et légitimiste? Au juste zo ne le sait guère. Eh! qu'importe, sait-il donc pourquoi il est et Guênetranche et comte?

M. BRIDOISON

Séraphin Bridoison a quarante ans, cinquante mille livres de rente, et pèse trois cents. De la chair, du sang, du muscle, de la taille, avec un grain de phosphore de plus dans les os, un homme complet. Le cheveu blond est fin, soyeux, délicat, légèrement frisé et partagé sur le milieu de la tête. Il y a de la douceur dans cet œil bleu sous ses sourcils et ses cils d'albinos, une manière de bonhomie en cette large physionomie, bonhomie tudesque, le caractère saillant des premiers rois francs. La joue est mafflue, glabre, imberbe, une tête de prêtre ou d'acteur. Le nez informe, point nez hébraïsant, fait lopin de chair tel quel plaqué au milieu du visage. La face léonine s'avachit en mufle camard de boule-dogue terrier. Flamand?

peut-être. Vieux sang saxon infusé en nos provinces du Nord par les transportations en masse de Charlemagne? je ne dis pas non. Prussien? on le pourrait croire. Il est né en Picardie d'un ouvrier devenu millionnaire. En tout cas, rien de français en lui, n'était son intrépide, imperturbable et indémontable loquacité.

Tel vit pour le jeu, tel vit pour les femmes, tel pour l'idée, tel pour la table, tel pour l'art, la fortune ou l'idéal. Quoique sujet à sa bouche, Bridoison vit pour parler.. Il parle, il parle sans cesse, et à propos de tout. Il parle mètres, centimètres, kilomètres, dimensions et distances, machines et inventions. Il parle briques de Bourgogne, terrassement, plâtre, moellons. Il parle vin, chasse et cuisine. Il parle instruction, politique, chambres, dette, amortissement, Angleterre, Allemagne. Il parle économie politique, offre et demande. Il parle religion, cléricalisme, statistique. Il parle chimie, histoire naturelle, médecine, droit, couture, surget et arrière-point, musique, théâtre, femmes, littérature, *nil humani a se alienum putans*. Et de tout il parle sachant ce qu'il dit. Bridoison est instruit, docteur en droit, docteur en médecine, une tête encyclopédique, un robinet d'eau claire à jet continu, incolore, insipide, inodore.

Rien d'impertinent dans ses raisons, rien de saillant, de jaillissant non plus. Point de mots, point de pensées, de paillettes, de fugues, d'étincelles, d'éclairs, point de style, point de sentiments qui attirent, appellent, gagnent. Partout où il s'asseoit, Bridoison sue et distille l'ennui latent, indéfinissable, ennui vermeil, rubicond, épanoui, vigoureux, bien portant, ennui pourtant et mystérieux écœurement. Bridoison récite et ne cause pas, s'agite et ne vit pas. Ses cinquante mille livres de rente le mènent. Bridoison a voyagé, vu Rome, Naples, l'Italie; sait sur le bout du doigt les hôtels, les hôtels à prix réduit surtout, connaît les musées, a inondé sur son chemin les artistes de sa loquacité bonhomme et sans saveur. Il revient, laissez-le aller, vous en aurez une râtelée. Vous intéressera-t-il ? c'est autre chose.

Bridoison a été étudiant, a passé du droit à la médecine, comme on passe de la chemise de flanelle au coton, sans angoisse et sans soubresaut, a vécu au quartier latin, ainsi que chacun autour de lui, ballant, chopant, lutinant Jeanne et Jeanneton, a subi exactement ses examens, a toujours rigoureusement payé son écot, sans rien offrir à quiconque.

Qui jamais l'a vu se griser, faire des dettes, avoir maille à partir avec les rondes de nuit ? Curieux de sa vie, de sa santé, il a doublé sans encombre tous les caps de la vingtième année, et n'a jamais prêté vingt francs à personne. Si de sa pension mensuelle il lui restait quelque chose, il y avait, un, deux, trois jours, baltazar intime pour Bridoison, qui s'en allait seul, en cabinet particulier, se goberger dans un restaurant d'ordre élevé. Bridoison ne choque, ni ne désoblige. Bridoison n'oblige pas non plus. Il a eu des femmes à rien ne coûte, autant que possible, jamais de maîtresses. Il a des des livres en nombre, à grands frais entassés dans une chambre haute, point de bibliothèque. Il démolit pour rebâtir. Sa maison bâtie à l'Abergement, ni il ne la loue, ni il ne la meuble, ni il ne l'habite. Il la sait à lui, peut l'habiter, c'est assez pour sa satisfaction. Il reste à Visinant, à la campagne, chez sa mère. Ainsi du moins il aura petit train et bon ménage. Il a été fils, il n'est pas père, ni marié. Bridoison est ainsi fait qu'il n'aime pas à conclure, que tout lui entre sous la peau, sans s'y attacher, sans le prendre. Il a cinquante mille livres de rente, et cela lui suffit.

A Paris, où il vient souvent, il s'essaye au fantaisiste, va de nuit et noctambule, cela ne coûte rien. Il vient voir ses amis garçons à trois heures du matin, sans motif, sans gaieté, sans entrain. Bridoison est étrange, original non pas.

Bridoison est socialiste à sa façon. Son socialisme ne dépasse pas les soupes économiques et le familistère, l'encasernement du prolétaire par le capital philanthrope, les jésuites au Paraguay.

Bridoison n'est pas religieux, Bridoison est clérical, ne s'en cache point, le dit tout haut. Il lui faut un clergé salarié par l'État, un budget des cultes, un prêtre employé et commis du gouvernement qui le paye, et il le veut ainsi, ajoute-t-il, contre l'esprit prêtre lui-même. Employé, le prêtre, Bridoison ne s'en garde, reste membre d'un corps qui le défend, le couvre contre l'État lui-même. Le chêne a le gui. Le chêne nourrit-il volontairement de sa substance le gui qui le dévore et l'alanguit?

Bridoison ne pratique pas. Bridoison commandite le clergé pour l'établissement de ses pieux caravansérails au rabais à Lourdes, à la Salette. A ce filet viendront tous les pèlerins de l'avenir. Ils laisseront là de leur laine ou de leur plume. Bonne aubaine et riche moisson pour le clergé, qui se se veut des Notre-Dame partout, de la Garde, de Recouvrance, des comptoirs sur toutes les routes, des écumoirs à petits sous à tous les points de l'horizon. Les bandes bonapartistes de Piétri, sous la Commune, ne parlaient-elles pas tout haut aussi de leur Notre-Dame des Flammes ? Bridoison conduit sa mère à la Salette. Bon exemple. Spéculation utile aussi. Sa mère tient suspendue, sur la tête de son fils, une sienne petite cousine, héritière à l'occasion.

De Bridoison Corbineau eût voulu faire un conseiller municipal, un conseiller général. Bridoison parle administration, n'administre pas, reste dans la coulisse.

Pendant la guerre, Bridoison a subi les Français de Chanzy, s'est exécuté. Il avait fait de larges réserves pour héberger les Prussiens. Les Prussiens ne sont venus ni à l'Abergement-sur-Rioni, ni à Visinant.

Rien d'encroûté, de cristallisé, de bêtement rétrograde en Bridoison. Bridoison tranche sur le fond commun et banal de ces Messieurs de l'Abergement. Bridoison est progessiste. Il veut le progrès partout, dans l'industrie, dans les machines, dans la viabilité. Il veut la diffusion des lumières. Que le peuple sache lire, crie Bridoison. Lire quoi? demandez à Bridoison, du catéchisme, de la chimie, des sciences naturelles, nulle autre morale que la morale politique de ces Messieurs de Versailles et les petits livres de la rue de Poitiers. Si, après cela, il en est encore pour chercher le mieux, une répartition plus équitable des choses, plus de dignité démocratique au travail, une plus large liberté, halte-là! Que changer à un état de choses où Bridoison a cinquante mille livres de rente? Bridoison n'a-t-il pas toutes les libertés nécessaires? A de telles velléités malsaines l'enfer et le purgatoire au nom du ciel, le gendarme au nom du roi. On applaudit et fait chorus autour de lui. La menace du purgatoire pour le prêtre, celle d'un rhume négligé pour le médecin, quasi tout revient à un, même Pérou.

Bridoison a étudié pour savoir, Bridoison n'a jamais travaillé pour vivre, Bridoison a côtoyé les choses, Bridoison ne connaît la vie que par ouï dire. De là les peurs chimériques de Bridoison, comme en ces Messieurs de l'Abergement.

Avec l'empire, qu'il méprisait, du moins Bridoison avait-il le gendarme. De ses votes Bridoison a escorté l'empire jusqu'à Sedan. Depuis, plus de monarchie de fait, une monarchie de droit divin, s'écrie Bridoison, une autorité permanente, supérieure au caprice et à la volonté des hommes, ces niveleurs. Que Bridoison trouve sécurité pour ses cinquante mille livres de rente, un titre sacré, supérieur, antérieur au droit, et le voilà comblé.

Corbineau se dit l'oint du seigneur, Henri V se croit l'oint de Dieu, Bridoison se sent l'oint de la fortune. Que ces trois oints se soient rencontrés sur le chemin de Damas, quoi d'étonnant ?

FIN.

TABLE DES MATIÈRES

Préface... 1
M. Prétérit de Coville............................. 1
Mme Yolande Plumon de Richomme............ 69
M. Agoard Plumon de Richomme...................... 91
M. Éliacin Adjacet................................ 107
M. Stévonoï de Guênetranche....................... 123
M. Bridoison...................................... 135

FIN DE LA TABLE DES MATIÈRES.

PARIS. — IMPRIMERIE DE E. MARTINET, RUE MIGNON, 2.

SEPTEMBRE 1872.

LIBRAIRIE GERMER BAILLIÈRE
17, RUE DE L'ÉCOLE-DE-MÉDECINE, 17
PARIS

EXTRAIT DU CATALOGUE.

BIBLIOTHÈQUE
DE
PHILOSOPHIE CONTEMPORAINE
Volumes in-18 à 2 fr. 50 c.
Cartonnés 3 fr.

Ouvrages publiés.

H. Taine.
LE POSITIVISME ANGLAIS, étude sur Stuart Mill. 1 vol.
L'IDÉALISME ANGLAIS, étude sur Carlyle. 1 vol.
PHILOSOPHIE DE L'ART. 1 vol.
PHILOSOPHIE DE L'ART EN ITALIE. 1 vol.
DE L'IDÉAL DANS L'ART. 1 vol.
PHILOSOPHIE DE L'ART DANS LES PAYS-BAS. 1 vol.
PHILOSOPHIE DE L'ART EN GRÈCE. 1 vol.

Paul Janet.
LE MATÉRIALISME CONTEMPORAIN. Examen du système du docteur Büchner. 1 vol.
LA CRISE PHILOSOPHIQUE. MM. Taine, Renan, Vacherot, Littré. 1 vol.
LE CERVEAU ET LA PENSÉE. 1 vol.

Odysse-Barot.
PHILOSOPHIE DE L'HISTOIRE. 1 vol.

Alaux.
PHILOSOPHIE DE M. COUSIN. 1 vol.

Ad. Franck.
PHILOSOPHIE DU DROIT PÉNAL. 1 vol.
PHILOSOPHIE DU DROIT ECCLÉSIASTIQUE. 1 vol.
LA PHILOSOPHIE MYSTIQUE EN FRANCE AU XVIIIe SIÈCLE (St-Martin et don Pasqualis). 1 vol.

Charles de Rémusat.
PHILOSOPHIE RELIGIEUSE. 1 vol.

Émile Saisset.
L'ÂME ET LA VIE, suivi d'une étude sur l'Esthétique franç. 1 vol.
CRITIQUE ET HISTOIRE DE LA PHILOSOPHIE (frag. et disc.). 1 vol.

Charles Lévêque.
LE SPIRITUALISME DANS L'ART. 1 vol.
LA SCIENCE DE L'INVISIBLE. Étude de psychologie et de théodicée. 1 vol.

Auguste Laugel.
LES PROBLÈMES DE LA NATURE. 1 vol.
LES PROBLÈMES DE LA VIE. 1 vol.
LES PROBLÈMES DE L'ÂME. 1 vol.
LA VOIX, L'OREILLE ET LA MUSIQUE. 1 vol.
L'OPTIQUE ET LES ARTS. 1 vol.

Challemel-Lacour.
LA PHILOSOPHIE INDIVIDUALISTE, étude sur Guillaume de Humboldt. 1 vol.

L. Büchner.
SCIENCE ET NATURE, trad. de l'allem. par Aug. Delondre. 2 vol.

Albert Lemoine.
LE VITALISME ET L'ANIMISME DE STAHL. 1 vol.
DE LA PHYSIONOMIE ET DE LA PAROLE. 1 vol.

1

Milsand.
L'Esthétique anglaise, étude sur John Ruskin. 1 vol.

A. Véra.
Essais de philosophie hégélienne. 1 vol.

Beaussire.
Antécédents de l'hégélianisme dans la philos. franç. 1 vol.

Bost.
Le Protestantisme libéral. 1 vol.

Francisque Bouillier.
Du Plaisir et de la Douleur. 1 vol.
De la Conscience. 1 vol.

Ed. Auber.
Philosophie de la médecine. 1 vol.

Leblais.
Matérialisme et Spiritualisme, précédé d'une Préface par M. E. Littré. 1 vol.

Ad. Garnier.
De la Morale dans l'antiquité, précédé d'une Introduction par M. Prévost-Paradol. 1 vol.

Schœbel.
Philosophie de la raison pure. 1 vol.

Beauquier.
Philosoph. de la musique. 1 vol.

Tissandier.
Des sciences occultes et du Spiritisme. 1 vol.

J. Moleschott.
La Circulation de la vie. Lettres sur la physiologie, en réponse aux Lettres sur la chimie de Liebig, trad. de l'allem. 2 vol.

Ath. Coquerel fils.
Origines et Transformations du Christianisme. 1 vol.
La Conscience et la Foi. 1 vol.
Histoire du Credo. 1 vol.

Jules Levallois.
Déisme et Christianisme. 1 vol.

Camille Selden.
La Musique en Allemagne. Étude sur Mendelssohn. 1 vol.

Fontanès.
Le Christianisme moderne. Étude sur Lessing. 1 vol.

Saigey.
La Physique moderne. 1 vol.

Mariano.
La Philosophie contemporaine en Italie. 1 vol.

Faivre.
De la Variabilité des espèces. 1 vol.

Letourneau.
Physiologie des passions. 1 vol.

Stuart Mill.
Auguste Comte et la Philosophie positive, trad. de l'angl. 1 vol.

Ernest Bersot.
Libre philosophie. 1 vol.

A. Réville.
Histoire du dogme de la divinité de Jésus-Christ. 1 vol.

W. de Fonvielle.
L'Astronomie moderne. 1 vol.

C. Coignet.
La Morale indépendante. 1 vol.

E. Boutmy.
Philosophie de l'architecture en Grèce. 1 vol.

Et. Vacherot.
La Science et la Conscience. 1 vol.

Em. de Laveleye.
Des formes de gouvernement. 1 vol.

Herbert Spencer.
Classification des Sciences. 1 vol.

BIBLIOTHÈQUE DE PHILOSOPHIE CONTEMPORAINE

FORMAT IN-8.

Volumes à 5 fr., 7 fr. 50 c. et 10 fr.

JULES BARNI. **La Morale dans la démocratie.** 1 vol.   5 fr.

AGASSIZ. **De l'Espèce et des Classifications**, traduit de l'anglais par M. Vogeli. 1 vol. in-8.   5 fr.

STUART MILL. **La Philosophie de Hamilton.** 1 fort vol. in-8, traduit de l'anglais par M. Cazelles.   10 fr.

DE QUATREFAGES. **Ch. Darwin et ses précurseurs français.** 1 vol. in-8.   5 fr.

HERBERT-SPENCER. **Les premiers Principes.** 1 fort vol. in-8, traduit de l'anglais par M. Cazelles.   10 fr.

BAIN. **Des Sens et de l'Intelligence.** 1 vol. in-8, trad. de l'anglais par M. Cazelles. (*Sous presse.*)

ÉDITIONS ÉTRANGÈRES.

Éditions anglaises.

AUGUSTE LAUGEL. **The United States during the war.** 1 beau vol. in-8 relié.   7 shill. 6 d.

ALBERT REVILLE. **History of the doctrine of the deity of Jesus-Christ.** 1 vol.   3 sh. 6 p.

H. TAINE. **Italy (Naples et Rome).** 1 beau vol. in-8 relié. 7 sh. 6 d.

H. TAINE. **The Physiology of Art.** 1 vol. in-18, rel.   3 shill.

PAUL JANET. **The Materialism of present day**, translated by prof. Gustave Masson. 1 vol. in-18, rel.   3 shill.

Éditions allemandes.

JULES BARNI. **Napoléon 1er und sein Geschichtschreiber Thiers.** 1 vol. in-18.   1 thal.

PAUL JANET. **Der Materialismus unserer Zeit**, übersetzt von Prof. Reichlin-Meldegg mit einem Vorwort von Prof. von Fichte. 1 vol. in-18.   1 thal.

H. TAINE. **Philosophie der Kunst.** 1 vol. in-18.   1 thal.

BIBLIOTHÈQUE D'HISTOIRE CONTEMPORAINE
Volumes in-18, à 3 fr. 50 c.
Cartonnés, 4 fr.

Carlyle.
HISTOIRE DE LA RÉVOLUTION FRANÇAISE, traduit de l'anglais par M. Elias Regnault. 3 vol.

Victor Meunier.
SCIENCE ET DÉMOCRATIE. 2 vol.

Jules Barni.
HISTOIRE DES IDÉES MORALES ET POLITIQUES EN FRANCE AU XVIIIᵉ SIÈCLE. 2 vol.
NAPOLÉON Iᵉʳ ET SON HISTORIEN M. THIERS. 1 vol.

Auguste Laugel
LES ÉTATS-UNIS PENDANT LA GUERRE (1861-1865). Souvenirs personnels. 1 vol.

De Rochau.
HISTOIRE DE LA RESTAURATION, traduit de l'allemand. 1 vol.

Eug. Véron.
HISTOIRE DE LA PRUSSE depuis la mort de Frédéric II jusqu'à la bataille de Sadowa. 1 vol.

Hillebrand.
LA PRUSSE CONTEMPORAINE ET SES INSTITUTIONS. 1 vol.

Eug. Despois.
LE VANDALISME RÉVOLUTIONNAIRE. Fondations littéraires, scientifiques et artistiques de la Convention. 1 vol.

Thackeray.
LES QUATRE GEORGE, trad. de l'anglais par M. Lefoyer, précédé d'une Préface par M. Prévost-Paradol. 1 vol.

Bagehot.
LA CONSTITUTION ANGLAISE, trad. de l'anglais. 1 vol.

Émile Montégut.
LES PAYS-BAS. Impressions de voyage et d'art. 1 vol.

Émile Beaussire.
LA GUERRE ÉTRANGÈRE ET LA GUERRE CIVILE. 1 vol.

Édouard Sayous.
HISTOIRE DES HONGROIS et de leur littérature politique de 1790 à 1815. 1 vol.

Ed. Bourloton.
L'ALLEMAGNE CONTEMPORAINE. 1 v.

Boert.
LA GUERRE DE 1870-1871 d'après le colonel fédéral suisse Rustow. 1 vol.

Herbert Barry.
LA RUSSIE CONTEMPORAINE, traduit de l'anglais. 1 vol.

H. Dixon.
LA SUISSE CONTEMPORAINE, traduit de l'anglais. 1 vol.

Louis Teste.
L'ESPAGNE CONTEMPORAINE, journal d'un voyageur. 1 vol.

FORMAT IN-8.

Sir G. Cornewall Lewis.
HISTOIRE GOUVERNEMENTALE DE L'ANGLETERRE DE 1770 JUSQU'A 1830, trad. de l'anglais et précédé de la Vie de l'auteur, par M. Mervoyer. 1 v. 7 fr.

De Sybel.
HISTOIRE DE L'EUROPE PENDANT LA RÉVOLUTION FRANÇAISE.
1869. Tome Iᵉʳ, 1 vol. in-8, trad. de l'allemand. 7 fr.
1870. Tome II, 1 v. in-8. 7 fr.

Taxile Delord.
HISTOIRE DU SECOND EMPIRE, 1848-1869.
1869. Tome Iᵉʳ, 1 fort vol. in-8 de 700 pages. 7 fr.
1870. Tome II, 1 f. v. in-8. 7 fr.
1872. Tome III, 1 fort. vol. in-8. 7 fr.

REVUE	REVUE
Politique et Littéraire	Scientifique
(Revue des cours littéraires, 2ᵉ série.)	(Revue des cours scientifiques, 2ᵉ série.)

Directeurs : MM. Eug. YUNG et Ém. ALGLAVE

La septième année de la Revue des Cours littéraires et de la Revue des Cours scientifiques, terminée à la fin de juin 1871, clôt la première série de cette publication.

La deuxième série a commencé le 1ᵉʳ juillet 1871, et dorénavant chacune des années de la collection commencera à cette date. Des modifications importantes ont été introduites dans ces deux publications.

La *Revue des Cours littéraires* continue à donner une place aussi large à la littérature, à l'histoire, à la philosophie, etc., mais elle a agrandi son cadre, afin de pouvoir aborder en même temps la politique et les questions sociales. En conséquence, elle a augmenté de moitié le nombre des colonnes de chaque numéro (48 colonnes au lieu de 32). Elle s'appelle maintenant la **Revue politique et littéraire**, *Revue des Cours littéraires* (2ᵉ série).

La *Revue des Cours scientifiques*, en laissant toujours la première place à l'enseignement supérieur proprement dit et aux sociétés savantes de la France et de l'étranger, poursuit tous les développements de la science sur le terrain politique, économique et militaire. Elle a pris le même accroissement que la *Revue politique et littéraire* et publie également chaque semaine 48 colonnes au lieu de 32. Elle s'appelle la **Revue scientifique**, *Revue des Cours scientifiques* (2ᵉ série).

Prix d'abonnement :

Une seule revue séparément			Les deux revues ensemble		
	Six mois.	Un an.		Six mois.	Un an.
Paris......	12ᶠ	20ᶠ	Paris......	20ᶠ	36ᶠ
Départements.	15	25	Départements.	25	42
Étranger....	18	30	Étranger...	30	50

Prix de chaque numéro : 50 centimes.

L'abonnement part du 1ᵉʳ juillet et du 1ᵉʳ janvier de chaque année.

Les sept premières années (1864 à 1871) de la *Revue des Cours littéraires* et de la *Revue des Cours scientifiques*, formant la première série de cette publication, sont en vente : on peut se les procurer brochées ou reliées.

Prix de chaque volume pris séparément............. br. 15 fr.
Prix de la collection complète de chaque Revue, 7 gr. v. in-4°. 105 fr.
La collection complète des deux Revues, 14 gros vol. in-4°. 182 fr.

REVUE DES COURS LITTÉRAIRES

Table générale des matières contenues dans la première série (1864-1871).

MORALE

Le devoir, par M. Jules Simon, VI. — Le gouvernement de la vie, par le R. P. Hyacinthe, VII. — Du bonheur et des plaisirs vrais, par M. Ch. Lévêque, I. — Le droit naturel et la famille, par M. Ad. Franck, II. — La société domestique, la société conjugale, le foyer domestique (trois conférences), par le R. P. Hyacinthe, IV. — La famille, par M. Jules Simon, VI. — Les pères et les enfants au XIXᵉ siècle, douze leçons, par M. Legouvé, IV. — Les domestiques d'autrefois et ceux d'aujourd'hui; la présence des filles à la maison, par le même, VI.

Antériorité du droit sur le devoir, par M. l'abbé Loyson, VI. — Les théories morales de l'antiquité, par M. Tissandier, V. — La morale évangélique, par M. l'abbé Loyson, VI. — Les doctrines morales au XVIᵉ siècle, par M. Ernest Bersot, VI. — La morale de Spinoza, par M. Ch. Lemonnier, III. — La morale indépendante, sept leçons, par M. Caro, V. — La morale laïque, par M. Ch. Lévêque, VI. — Le principe humain et le principe divin de la morale, par M. Em. Beaussire, VI.

Le luxe, par M. Batbie, IV. — Même sujet, par M. Horn, V. — Le luxe des vêtements au moyen âge, par M. Baudrillart, VI. — Les femmes et la mode, par madame Sezzi, II. — L'amour platonique, par M. Waddington, I. — Caton et les dames romaines, par M. Aderer, IV. — Saint Jérôme et les dames romaines, par le même, VI.

L'étroitesse d'esprit, par M. Ath. Coquerel, VII. — L'amour de sa profession, par M. Jules Favre, VI. — L'acteur, le fonctionnaire, le journaliste, par M. Francisque Sarcey, VI.

THÉOLOGIE

Vie de Jésus, par M. de Pressensé, I. — Du témoignage des martyrs en faveur de la divinité de Jésus-Christ, par M. l'abbé Perreyve, I. — Les pères de l'école d'Alexandrie et la papauté primitive, par M. l'abbé Freppel, II. — Du pouvoir direct et indirect de l'Église sur le temporel des rois, par M. l'abbé Méric, VII. — Le protestantisme sous Charles IX, par M. l'abbé Perraud, VII. — Le colloque de Poissy, par le même, VII. — Le système de Herder, par M. l'abbé Dourif, II. — Le déisme, par le R. P. Hyacinthe, II. — Le christianisme de J. J. Rousseau, par M. Fontanès, VII. — La religion progressive, par M. Despois, VII. — L'unité de l'esprit parmi les chrétiens, par M. Fontanès, IV. — Pourquoi la France n'est-elle pas protestante? par M. Ath. Coquerel fils, III. — Des progrès religieux hors du christianisme, par sir John Bowring, III. — Les progrès du catholicisme en Angleterre, par M. Gaidoz, VII. — La Rome actuelle et le concile, par M. de Pressensé, VII.

PHILOSOPHIE

Sa définition et son objet (3 leçons), par M. Paul Janet, II. — Origine de la connaissance humaine, par M. Moleschott, II. — L'homme est-il la mesure de toutes choses? par M. Paul Janet, III. — De la personnalité humaine, par M. Caro, IV. — L'intelligence, par M. Taine, VII. — La physiologie de la pensée, par M. Bain, VI. — L'existence indépendante de l'âme, par M. Schrœder van der Kolk, V. — Distinction de l'âme et du corps, par M. Paul Janet, I. — L'âme des bêtes, par M. Brisebarre, I. — Même sujet, par M. P. Janet, V. — L'induction, par M. Em. Beaussire, VII. — Le problème de la création, par M. Caro, VII. — Idée d'une géographie et d'une ethnographie psychologiques, par M. Ch. Lévêque, I. — Le fatalisme et la liberté, par le même, II. — L'âme humaine dans l'histoire, par M. Bohn, II. — Situation actuelle du spiritualisme, par M. Caro, II. — Le spiritualisme libéral, par M. Em. Beaussire, V. — La liberté philosophique, par le même, V. — Matérialisme, idéalisme, spiritualisme, par M. Ravaisson, V.

Philosophie de l'Inde, par M. Paul Janet, II. — Le mysticisme dans l'Orient ancien et moderne, par M. Ch. Lévêque, V. — Du monothéisme juif, par M. Munck, II. — Démocrite, par M. Ch. Lévêque, I. — Socrate et les sophistes, par M. Lorquet, I. — L'école socratique, par M. Vera, VII. — Le stoïcisme, par M. Tissandier, V. — Le christianisme des philosophes païens, par M. Havet, II. — Le procès de Galilée, par M. Trouessart. — Les trois Galilée, par M. Philarète Chasles, IV. — Descartes, par M. Bohn, II. — Des controverses philosophiques au XVIIe siècle (10 leçons), par M. Paul Janet, IV. — Preuves de l'existence de Dieu d'après Descartes (7 leçons), par le même, V. — Diderot, par M. Jules Barni, III. — Saint-Simon, par M. Ch. Lemonnier, I. — Kant et la métaphysique, par M. Paul Janet, VI. — La philosophie allemande en France depuis 1815, par le même, V. — M. Cousin et sa philosophie, par M. Vera, II. — Victor Cousin, par M. Ch. Lévêque, IV. — Philosophie des deux Ampère, par M. Em. Beaussire, VII. — Les spirites, par M. Tissandier, II. — La philosophie contemporaine en Italie, par M. Em. Beaussire, VII. — Le mouvement philosophique en Sicile, par le même, IV. — Les deux philosophies, Stuart Mill et Hamilton, par le même, VI. — La psychologie anglaise contemporaine, par le même, VII. — Même sujet, par M. Joly, VII. — La psychologie de M. Bain, par M. Stuart Mill, VI. — Un précurseur de Darwin, par M. Joly, VI. — La nouvelle philosophie scientifique, par M. Ch. Lévêque, VII. — La science moderne et la métaphysique, par le même, VII.

POLITIQUE

Les devoirs civiques, par M. Jules Favre, VII. — De la morale dans la démocratie, par M. Jules Barni, II. — Le respect du droit d'autrui, par M. Beudant, VII. — Principes de la société moderne, par M. Albicini, IV. — De la civilisation, par M. Duveyrier, II. — La vraie et la fausse égalité, par M. Ad. Franck, IV. — De l'union des classes, par M. Paul Janet, V. — La raison d'État, par M. Ferri, II. — La libre conscience, par M. de Pressensé, VII. — Du progrès, par M. Laboulaye, VI. — La révolution pacifique, par M. Saint-Marc Girardin, VII.

Constitution des États-Unis (9 leçons), par M. Laboulaye, I. — Organisation politique de l'Angleterre, par M. Fleury, II. — Une Académie politique sous le cardinal de Fleury, par M. Paul Janet, II. — Louis XV et la diplomatie secrète, par M. Raimbaud, V. — Principes et caractères de la révolution française, par M. Macé, IV. — L'Assemblée constituante : les cahiers de 1789, Déclaration des droits de l'homme, suppression de la féodalité, premier projet de constitution, question du véto, exclusion des ministres de l'Assemblée, réorganisation administrative, loi électorale, suffrage universel, droit de paix et de guerre, serment civique, organisation judiciaire, municipalité de Paris, par M. Laboulaye, VI et VII. — L'esprit de privilège sous la Restauration, par M. Baudrillart, V.

Principaux publicistes : Locke, Montesquieu, madame de Staël, Benjamin Constantin, Royer-Collard, Sismondi, par M. Ad. Franck, I, IV et VI. — Malesherbes, par M. Laboulaye, VII. — L'éloquence politique, par M. Guibal, VI. — Les orateurs de la Constituante, par M. Reynald, VII. — Mirabeau, par M. Laboulaye, V et VI. — Mirabeau et la cour, par M. Reynald, VII. — Les orateurs parlementaires de l'Angleterre, par M. Édouard Hervé, III. — Abraham Lincoln, par M. Aug. Cochin, VI. - Le général Grant, par le même, VII. — Montalembert, par le même, VII. Wilberforce, par M. Bersier, II. — Les nègres affranchis des États-Unis, par MM. Laboulaye, Leigh, de Pressensé, Sunderland, Coquerel fils, Crémieux, Rosseeuw Saint-Hilaire, Th. Monod, II; par MM. Laboulaye, Franck, Albert de Broglie, Chamerovzow, Augustin Cochin, Dhombres, III. — La traite et l'esclavage, par MM. Laboulaye, Augustin Cochin, Horn, Mage, Knox, Beraza, IV. — Les résultats de l'émancipation, par MM. Laboulaye, Garrison, Albert de Broglie, général Dubois, etc., IV.

La guerre, par M. Ath. Coquerel, VI. — La paix et la guerre, par M. Ad. Franck, I. — La paix perpétuelle, par M. Ch. Lemonnier, IV. — La ligue de la paix, par M. Michel Chevalier, VI. — Même sujet, par le R. P. Hyacinthe, VI.

LÉGISLATION

Introduction générale à l'étude du droit, par M. Beudant, I. — Philosophie du droit civil, par M. Ad. Franck, II. — Cours de droit civil (première année), par M. Valette, I et II. — Du droit de punir, par M. Ortolan, II. — La loi pénale et la science du droit criminel, par M. Mouton, VI. — Le droit pénal et la

Révolution française, par M. Thézard, VI. — Du droit administratif, par M. Batbie, II. — Du droit international, par M. Beltrano, I. — Principes philosophiques du droit public, par M. Franck, III. — La poésie dans le droit, par M. Lederlin, III. — Du caractère français dans ses rapports avec le droit, par M. Thézard, IV.

Les origines celtiques du droit français, par M. de Valroger, I. — La législation criminelle en Angleterre, par M. Laboulaye, I et II. — La liberté de la librairie, par M. Jules Simon, VII.

ÉCONOMIE POLITIQUE

Histoire, but et objet de l'économie politique, par M. Baudrillart, IV. — L'enseignement de l'économie politique, par M. Em. Levasseur, VII. — Rôle de l'économie politique dans les sciences morales, par le même, VI. — Les commencements de l'économie politique dans les écoles du moyen âge, par M. Ch. Jourdain, VI. — Histoire du travail, par M. Frédéric Passy, III. — Les expositions de l'industrie, par M. Em. Levasseur, IV. — L'Exposition de 1867, par M. Audigaune, IV.

QUESTIONS SOCIALES

De l'inégalité des conditions sociales, par M. Jules Favre, VIII. — Horace Mann ou l'égalité d'instruction, par M. Laboulaye, VI. — De l'égalité d'éducation, par M. Jules Ferry, VII. — Le travail des enfants dans les manufactures, par M. Jules Simon, IV. — Le logement de l'ouvrier, par le même, V.

Du droit de tester, par M. Ad. Franck, III. — De l'hérédité, par M. Frédéric Passy, IV.

La famille et l'État, conférence de M. Renan, par M. Beaussire. — Les femmes dans l'État, par M. J. Barni, V. — Du progrès social par l'instruction des femmes, par M. Thévenin, I. — L'instruction des femmes doit-elle être différente de celle des hommes? par miss Becker, VI. — Le droit des femmes en Angleterre, par M. W. de Fonvielle, V. — Idées de Proudhon et de Stuart Mill sur les femmes, par M. Van der Berg, VII. — La femme et la raison, par mademoiselle Deraismes, VI. — Les grandes femmes, par la même, VI. — De l'éducation de la femme, par M. Virchow, III. — De la condition des femmes au xive siècle, par M. Aderer, III. — La question des femmes au xve siècle, par M. Campaux, I. — L'éducation littéraire des femmes au xviie siècle, par M. Deltour, II. — L'instruction secondaire des filles et M. l'évêque d'Orléans, par M. Eug. Yung, IV. — La femme au xixe siècle, par M. Pelletan, VI.

ENSEIGNEMENT

L'enseignement officiel et l'enseignement populaire au moyen âge, par M. Paulin Paris, II. — Des progrès de l'érudition moderne, par M. Hignard, II. — Des études classiques latines, par M. Tamagni, I. — L'étude de l'histoire, l'éducation oratoire, par M. Carlyle, III. — L'instruction moderne, par M. Stuart Mill, IV. — De l'état actuel de l'Université, par M. Mézières, IV. — De l'enseignement supérieur français, par M. Eugène Véron, II. — Le doctorat ès lettres, par M. Ch. Lévêque, VI. — Les universités anglaises, par M. Challemel-Lacour, II. — Les professeurs des universités allemandes, par M. Elias Regnault, II. — L'enseignement supérieur français et l'enseignement supérieur allemand, par M. H. Heinrich, III. — L'université d'Iéna, par M. Louis Koch, III. — Les programmes des universités allemandes, par M. Louis Leger, VI. — Histoire de l'enseignement de la procédure, par M. Paringault, III. — L'enseignement du droit à Rome, par M. Bremer, VI. — L'enseignement de l'École des chartes, par M. Emile Alglave, II. — Un lycée de filles en Amérique, par M. Gaidoz, V. — Le service militaire dans les Universités allemandes, par M. L. Koch, VI.

Conférences et conférenciers, par M. L. Simonin, V. — Les conférences de la rue de la Paix, par M. Eugène Véron, II. — La chaire d'éloquence française à la Sorbonne, par M. Saint-René Taillandier, V. — Eugène Gandar, professeur d'éloquence française, par M. Em. Beaussire, VII. — M. Berger, professeur d'éloquence latine, par M. Martha, VII. — Le cours de M. Jules Barni à Genève, par M. Eugène Despois, III. — Discours d'ouverture de l'Athénée, par M. Eug. Yung, III. — Discours d'ouverture des conférences du boulevard des Capucines, par M. Em. Deschanel, V. — Discours de réouverture des mêmes conférences, par M. Sarcey, V et VI. — Les conférences en Angleterre et en Amérique, par M. Laboulaye, VII.

Les bibliothèques populaires, par M. Jules Simon, II et III; par M. Ed. Charton; par M. Laboulaye, III. — De l'éducation qu'on se donne à soi-même, par M. Laboulaye, III. — Du choix des lectures populaires, par M. Saint-Marc Girardin, III.

De l'avenir de l'instruction populaire, par M. Jules Favre, VI. — L'instruction populaire, par MM. de Pressensé, Royer-Collard et Rosseuw Saint-Hilaire, IV. — L'instruction primaire en 1867, par M. Guizot, IV. — La vérité sur l'instruction primaire en Prusse, par M. L. Koch, V.

HISTOIRE ANCIENNE

Du rôle de la Grèce dans l'histoire du monde, par M. Gladstone, III. — La cité antique, ouvrage de M. Fustel de Coulanges, par M. Édouard Tournier, V. — Histoire de la civilisation grecque (10 leçons), par M. Alfred Maury, I. — La diplomatie dans l'antiquité, par M. Egger, VI.

État moral des Romains sous la république, sous l'empire (3 leçons), par M. Alfred Maury, I. — Les pauvres dans l'ancienne Rome, par M. Crouslé, VI. — Recherches sur la mort de César, par M. Dubois (d'Amiens), V. — La vie privée de l'empereur Auguste, par le même, VI. — Auguste, son siècle, sa famille, ses amis (6 leçons), par M. Beulé, IV. — Les successeurs d'Auguste, Tibère, Caligula (7 leçons), par le même, V. — Le testament politique d'Auguste, par M. Abel Desjardins, III. — Le portrait de Néron, par M. Beulé, VI. — L'impératrice Faustine, femme de Marc-Aurèle, par M. Ernest Renan, IV. — L'impérialisme romain, par M. Seeley, VII. — Les libertés municipales dans l'empire romain, par M. de Valroger, II. — La société romaine du temps des premiers empereurs comparée à la société française de l'ancien régime, par M. A. Maury, II. — La vie épicurienne des Romains sous l'empire, par M. Gebhart, VI. — Le paganisme au temps de Plutarque, par M. Egger, II. — L'organisation du travail dans l'empire romain, par M. Lacroix, VII. — L'Afrique au temps de Tertullien, par l'abbé Freppel, I. — Le monde romain et les barbares, par M. A. Geoffroy, II.

HISTOIRE DU MOYEN AGE

Origines du peuple français, par M. Henri Martin, VII. — De l'origine des monuments appelés celtiques, par le même, IV. — Les Bretons d'Angleterre et les Bretons de France, par M. de la Villemarqué, IV. — Charlemagne économiste, par M. Abel Desjardins, IV. — Charlemagne et Alcuin, par le même, IV. — La théorie féodale, par M. Paulin Pâris, II. — De l'état social au moyen âge d'après les archives des couvents, par M. Vallet de Viriville, I. — La poésie et la vie réelle au moyen âge, par M. Gebhart, VII. — La reconnaissance des peuples sauvés, épisode de l'histoire de Venise et du Bas-Empire, par M. J. Armingaud, V. — Une année de la guerre de Cent ans, par M. Berlioux, II. — L'Italie au moyen âge, par M. Huillard-Bréholles, VI. — Relations de la France avec l'Italie au xvie siècle, par M. Wallon, I et II. — Lucrèce Borgia, par M. Philarète Chasles. VII. — François Ier et Marguerite de Navarre, par M. Zeller, V. — La Réforme, par M. Bancel, I. — De l'histoire du protestantisme français, par M. Guizot, III.

HISTOIRE MODERNE

L'Allemagne pendant la guerre de Trente ans, par M. Bossert, IV. — Mazarin, par M. Wolowski, IV. — Le procès de Fouquet, par M. Maze, V. — Vauban, par M. Baudrillart, IV. — Les colonies françaises sous Louis XIV, par M. Jules Duval, VI. — De la civilisation en France et en Angleterre depuis le xviie siècle jusqu'à nos jours (20 leçons), par M. Alfred Maury, III et IV. — L'Allemagne depuis le traité de Westphalie (8 leçons), par le même, V. — La France au xviiie siècle (8 leçons), par le même, V. — Frédéric le Grand et sa politique, par M. Ed. Sayous, II. — Catherine II et sa cour, par M. Schnitzler, II. — Même sujet, par M. Blanchet, VI. — Voyage de Joseph II à la cour de Marie-Antoinette, par le même, III. — Les quatre George, par Thackeray, V. — De l'administration française sous Louis XVI, tableau des institutions et des idées de l'ancien régime (52 leçons), par M. Laboulaye, II, III et IV. — Les approches de la révolution (1787-1789, 10 leçons), par le même, V. — Fondation des États-Unis, rôle de la France, par M. Maze, VI. — L'Assemblée constituante : les élections de 1789, ouverture des états généraux, Mirabeau journaliste, serment du Jeu de paume, séance du 23 juin, réunion des ordres, prise de la Bastille, les massacres, assassinat de Foulon et Berthier, la nuit du 4 août, les 5 et 6 octobre, destruction des parlements, confiscation des biens du clergé, les assignats, la liste civile, la constitution civile du clergé, Camille Desmoulins et Marat, les Suisses de Châteauvieux, par M. Laboulaye, VI et VII. — La guillotine et la révolution française, par M. Dubois (d'Amiens), III. — Le vandalisme révolutionnaire, ouvrage de M. Despois, par M. Eug. Véron, V. — Les assignats, par M. Émile Levasseur, III. — Du sentiment religieux dans la révolution française, par M. de Pressensé, II. — Le premier consul, par M. Jules Barni, VI. — Napoléon Ier et son historien M. Thiers, par M. Despois, VII. — Waterloo, par M. Chesney, VI. — Les alliés à Paris en 1814 et 1815, par M. Léon Say, V. — Épisodes de la guerre des États-Unis (1861 à 1865), par M. Auguste Laugel, II. — Les provinces rhénanes, par M. de Sybel, VI. — Les frontières naturelles de la France, par M. Himly, IV.

Formation territoriale de la Prusse; part de la France dans sa première grandeur; la Prusse sous le *roi sergent*; opinion de Frédéric II sur nos frontières du Rhin; le fusil de Molwitz; alliances de la France avec la Prusse; la guerre de Sept ans; les Russes en Pologne; la diplomatie prussienne et la Révolution française; la Prusse et Napoléon Ier, par M. Combes, VII.

LITTÉRATURE GÉNÉRALE

De l'influence des mœurs publiques sur la littérature, par M. Jules Favre, VI. — La prose, la poésie, par M. Paul Albert, V. — L'éloquence religieuse, le roman, les épopées et le théâtre au moyen âge, par le même, VII. — Le diable au point de vue poétique, par M. Büchner, VI. — Les contes de fées, par M. de Tréverret, V. — L'art théâtral, par M. Ad. Crémieux, VI. — Historiens anciens et modernes, par M. Benlœw, V. — De la loi de réaction dans l'histoire et les lettres, par le même, V. — Développement de la critique et du droit d'examen dans l'Europe contemporaine, par M. Philarète Chasles, V.

LITTÉRATURE GRECQUE

Coup d'œil sur l'histoire de la langue grecque, par M. Egger, IV. — Homère, par M. Spielhagen, III. — Même sujet, par M. Jules Girard, VI. — Les poëmes homériques, par M. Hignard, III. — La famille dans Homère, par M. Moy, VI. — La poésie épique, par M. Steinthal, III. — La parole et l'écriture chez les Grecs, par M. Curtius, II. — Némésis, ou la jalousie des dieux, thèse de M. Édouard Tournier, par M. H. Weil, II. — De la langue et de la nationalité grecques, Hésiode, les poètes cycliques, origine de la prose, la science historique chez les Grecs, les prédécesseurs d'Hérodote, Thucydide, Xénophon, Plutarque (10 leçons), par M. Egger, I et II. — Le siècle de Périclès, par le même, III. — Le drame et l'État chez les Athéniens, par M. Emile Burnouf, III. — Moralité des légendes dramatiques de la Grèce, par M. Egger, VII. — La tradition classique dans la pastorale et l'apologue, par le même, VI. — La littérature à Athènes pendant les guerres, par le même, VII. — Valeur historique des discours de Thucydide, par M. J. Denis, II. — Pausanias, par M. Bétant, II. — La littérature grecque au temps d'Alexandre et de ses successeurs, par M. Egger, IV. — La littérature grecque et la littérature latine comparées, par M. Havet, III. — Épictète, par le même, VI. — M. Hase et les savants grecs émigrés à Paris sous le premier empire et sous la restauration, par M. Brunet de Presle, II. — Le grec moderne, par M. Egger, II; par Brunet de Presle, III. — Influence du génie grec sur le génie français (4 leçons), par Egger, V. —Influence du génie grec au xixe siècle, par le même, VI. — Intérêt moderne de la littérature grecque, par M. Matheew Arnold, VI.

LITTÉRATURE LATINE

Térence, par M. Talbot, III. — Lucrèce et Catulle, par M. Patin, II. — Lucrèce, par M. Despois, VII. — La poésie rustique, par M. Martha, III. — Cicéron et ses amis, par M. Eugène Despois, III. — Cicéron après le passage du Rubicon, par M. Berger, I. — Étude de la société romaine d'après les plaidoyers de Cicéron; un gouvernement de province au temps de Verrès, par M. Havet, I. — Lettres de Brutus et de Cicéron, par le même, VII. — L'acteur Roscius, par M. Hermann Göll, VII. — Les mémoires à Rome avant César, par M. Berger, VI. — L'*Énéide*, par M. Jules Girard, VII. — L'éloquence au temps d'Auguste, par M. Berger, II. — Le procès de la littérature du siècle d'Auguste, par M. Beulé, IV. — Tacite, par M. Havet, I. —Juvénal et ses œuvres, le turbot de Domitien, par M. Martha, I. — Juvénal et son temps, par M. Gaston Boissier, III. — Juvénal et ses satires, par M. Despois, VII. — L'empire et l'état des esprits à l'époque d'Adrien, par M. Berger, III. — La jeunesse de Marc-Aurèle, Fronton historien, par M. Berger, III. — La littérature latine de Tacite à Tertullien, par M. Havet, IV.

LITTÉRATURE FRANÇAISE

Origines de la littérature française, par M. Gaston Pàris, IV. — Le génie de la Bretagne, par M. Félix Frank, III. — Les romans de la Table-Ronde, par M. Paulin Pàris, I. — La chanson de Roncevaux, par M. A. Viguier, II. — De la poésie provençale, par M. Paul Meyer, II. — Ronsard, par M. Lenient, VII. — La seconde renaissance française, par le même, VII. — Jeunesse de Montaigne; idées de Montaigne sur les lois de son temps, par M. Guillaume Guizot, III. — Histoire du théâtre en France, par M. Thévenin, I. — Les Mémoires de Sully, par M. Lavisse, VI. — Vie et œuvres de Mézeray, par M. Patin, III. — Rotrou, par M. Saint-René Taillandier, I. — Hommes de robe au xviie siècle, par M. Gidel, V. — Gazettes et journaux au xviie siècle, par le même, VI. — Les gens de province au xviie siècle, par le même, VII. — Bourgeois et gentilshommes au xviie siècle, par le même, IV. — Une visite à Port-Royal, par M. Lenient, V. — Bourdaloue, la politique chrétienne, par M. J. J. Weiss, III. — Rieurs mélancoliques : Villon, Scarron, Molière, par M. Talbot, V. — Molière et ses prédécesseurs du xvie siècle, par M. Bocher, VI. — Molière et l'en-cas de nuit, par M. Despois, VII. — Molière, conférence de M. Deschanel, IV. — Molière, par M. Marc Monnier, IV. — Les femmes dans Molière, par M. Aderer, II. — La Fontaine et ses fables, par M. Saint-Marc Girardin, I. — La Fontaine et ses critiques, par M. J. Claretie, I. — La satire dans les fables de la Fontaine, par M. Crouslé, V. — Les faux autographes de madame de Maintenon, par M. Grimblot, IV. — Saint-Simon, par M. Deschanel, I. — La littérature d'une génération (1720-1750), par M. Étienne, VII. — Du rôle des gens de lettres au xviiie siècle, par M. Paul Albert, III. — Montesquieu, par M. Gandar, II. — J. J. Rousseau et les encyclopédistes, par M. Paul Albert, III. — J. J. Rousseau, par M. Gidel, V. — La jeunesse de Diderot et de Rousseau, par M. Gandar, V. — Grimm et Diderot, par M. Reynald, VI. — Voltaire (7 leçons), par M. Saint-Marc Girardin, V. — Les correspondants de Voltaire, Bolingbroke, par M. Reynald, V. — La statue de Voltaire, conférence de M. Deschanel, IV. — Influence des salons sur la littérature au xviiie siècle, par M. de Loménie, I. — Fontenelle et les salons au xviiie siècle, par M. Hippeau, II. — Un épisode de l'histoire de la censure au xviiie siècle, par M. Hauréau, V. — Le marquis de Mirabeau, par M. L. de Lavergne, V. — Le marquis d'Argenson, par M. Em. Levasseur, V. — La comédie après Molière, par M. Lenient, IV. — Regnard, par M. Ordinaire, VII. — Les valets dans la comédie, par M. Gaucher, III. — La comédie et les mœurs au xviiie siècle, par M. Ch. Gidel, III. — Le décor au théâtre, par M. Talbot, IV. — Le théâtre de Favart: Piron et Gresset, par M. J. J. Weiss, II. — Bailly et l'*Abbé de l'Épée*, par M. Legouvé, VII. — La tragédie de *Médée*, par le même, VII. — Lekain, Talma, mademoiselle Rachel, par M. Samson, III. — De la convention au théâtre, les pièces de M. Alexandre Dumas fils, le théâtre de M. Émile Augier, les pièces nouvelles, etc., conférences de M. Francisque Sarcey, IV. — Le théâtre de George Sand, par M. C. de Chancel, II. — Le théâtre de M. Émile Augier, par le même, III. — L'homme et l'argent dans la comédie et dans l'histoire, par M. Conus, V. — Comparaison entre Henri Heine et Alfred de Musset, par M. William Reymond, III. — La poésie, la musique et l'art dans la Provence moderne, par M. Philarète Chasles, I. — Les lettres et la liberté, ouvrage de M. Despois, par M. Eug. Véron, III. — Alfred de Vigny, par M. L. de Ratisbonne, VI. — Sainte-Beuve, par M. Gaston Boissier, VII. — De l'état actuel de la littérature française, par M. S. de Sacy, V.

LITTÉRATURES ITALIENNE ET ESPAGNOLE

Dante et ses œuvres, par M. Mézières, II. — De l'apostolat de Dante, par M. Hillebrand, II. — Dante poëte lyrique, la *Divine comédie*, par M. Bergmann, III. — Dante considéré comme citoyen, par M. Gebhardt, III. — De la renaissance en Italie, par le même, III. — Le théâtre italien au XVe siècle, par M. Hillebrand, V. — Pétrarque, ouvrage de M. Mézières, par M. Em. Beaussire, V. — Pétrarque historien de César, par M. Berger, VI. — La correspondance du Tasse, par M. Reynald, IV. — Décadence et renaissance des lettres en Italie, par le même, IV. — Florence et le génie italien, par le même, IV. — Machiavel, par M. Twesten, V. — Cervantès, par M. Émile Chasles, II. — Don Quichotte, par Reynald, II. — Comparaison des théâtres de l'Espagne et de l'Angleterre, par Büchner, VII.

LITTÉRATURE ANGLAISE

Hamlet, par M. Mayow, V. — Shakspeare poëte comique, par M. de Tréverret, VII. — L'esprit humoriste, par M. Gebhart, IV. — Les autobiographes et les voyageurs anglais, par M. Philarète Chasles, I. — Les romanciers et les journalistes anglais, par M. Mézières, I. — Naissance de la presse en Angleterre, par le même, VII. — Les moralistes anglais au XVIIIe siècle, par M. Reynald, II. — Gulliver, par le même, III. — Tom Jones, par M. Hillebrand, III. — Robinson Crusoé, par le même, III. — Saint-Évremond et Hortense Mazarin à Londres, par M. Ch. Gidel, IV. — La féerie en Angleterre, par M. North-Peath, II. — Les chants de l'Irlande rebelle, par M. Gaidoz, V. — Les romans de Ch. Dickens, par M. J. Gourdault, II. — Charles Dickens, par M. Büchner, VII.

LITTÉRATURE ALLEMANDE

Hans Sachs, poëte allemand du XVIe siècle, par M. Léon Boré, III. — La Réforme et la Renaissance en Allemagne, par M. Gebhart, VI. — L'esprit théologique et l'esprit littéraire en Allemagne, par M. Bossert, VII. — Influence du *Laocoon* de Lessing sur la littérature, par M. Gümlich, III. — Rôle littéraire de Lessing, par M. Grücker, V. — La jeune Allemagne de 1775, par M. Hillebrand, IV. — Un humoriste allemand, par M. Dietz, V. — La vie d'Alexandre de Humboldt, par Dowe, VII. — Le roman populaire dans l'Allemagne contemporaine, par Dietz, V et VII. — Le mouvement littéraire en Allemagne, par le même, VI.

LITTÉRATURES SLAVES

De l'état actuel de la littérature en Russie, par M. Chodzko, III. — Le drame moderne en Russie, par le même, V. — Les études historiques en Russie, par M. Pogodine, VII. — L'enseignement du russe, par M. L. Leger, V. — Le pluriel, le singulier et le panslavisme, par le même, V. — La poésie épique en Bohême, par le même, V. — Une Académie chez les Croates, par M. L. Leger, V. — L'Académie d'Agram, par le même, VI. — La littérature slave en Bulgarie au moyen âge, par le même, VI. — Le drame moderne en Serbie, par M. Chodzko, VII. — Le mouvement intellectuel en Serbie, par M. L. Leger, V. — La langue et la poésie roumaines, par M. Philarète Chasles, III.

ÉTUDES ORIENTALES

Les éléments fédératifs des Aryas européens, par M. Duchinski, I. — Les Aryas primitifs, par M. Girard de Rialle, VI. — Le culte de l'arbre et du serpent dans l'Inde, par M. Fergusson, VI. — Les castes dans l'Inde, par M. Hauvette-Besnault, VII. — Le nihilisme bouddhique, par M. Max Müller, VII. — Le conte égyptien des Deux frères, par M. Maspero, VII. — Histoire du déchiffrement des inscriptions cunéiformes, par M. Oppert, I. — Le Talmud, par M. Deutsch, V. — Le bouddhisme tibétain, par M. Léon Feer, II. — Les voyageurs au Tibet, par le même, V. — Les nouvelles découvertes au Tibet, les contes mongols, les peuplades du Brahmapoutra et de l'Iravadi, par le même, VI. — L'Essence de la sagesse transcendante, par le même, III. — La composition du Coran, par M. Hartwig Derenbourg, VI. — De l'histoire philologique et littéraire de la Turquie, par M. Barbier de Meynard, I.

PHILOLOGIE COMPARÉE

Considérations générales, par M. Hase, I. — La science du langage, par M. Max Müller, I et III. — Que la philologie est une science, par M. Farrar, VI. — De la forme et de la fonction des mots, par M. Michel Bréal, IV. — Morphologie des langues, par M. Schleicher, II. — De la méthode comparative appliquée à l'étude des langues, par M. Michel Bréal, II. — Grammaire de Bopp, par le même, III. — L'article, par M. Hase, I. — Publications philologiques, par M. Ed. Tournier, V. — Qu'est-ce que faire une édition? par le même, VI. — La celtomanie, par M. Louis Leger, VII.

ARCHÉOLOGIE

De l'emploi du bronze et de la pierre dans la haute antiquité, par M. Lubbock (avec 91 figures), III et IV. — Triangulation de Jérusalem, par sir H. James, III. — L'art romain sous les rois, sous la république, topographie de Rome (6 leçons), par M. Beulé, I. — Des fouilles et découvertes archéologiques faites à Rome depuis dix ans (11 leçons), par le même, III et IV. — Les fouilles du Palatin, par M. Félix Frank, III. — Une nouvelle Alesia découverte en Savoie, par le même, III. — Nouvelle étude sur les camps romains, par M. Heuzey, III. — Antiquités du Mexique et de l'Amérique centrale, par M. l'abbé Brasseur de Bourbourg, I.

BEAUX-ARTS

L'œuvre d'art, par M. Taine, II. — L'idéal dans l'art, par le même, IV. — Des portraits historiques, par M. Georges Scharf, III. — De l'ornementation et du style, par M. Semper, II. — De l'architecture dans ses rapports avec l'histoire, par M. Viollet-le-Duc, IV. — L'esthétique des lignes, par M. Charles Blanc, VI. — Philosophie de la musique, par M. Ch. Beauquier, II. L'art indien, égyptien, grec, romain, gréco-romain (6 leçons), par M. Viollet-le-Duc, I. — Le paysage en Grèce, par M. Heuzey, II. — De l'intérêt que les sujets tirés de l'histoire grecque offrent aux artistes, par le même, I. — État des esprits et des caractères en Italie au début du xvie siècle, philosophie de l'art en Italie (3 leçons), par M. Taine, III. — Léonard de Vinci, par le même, II. — Titien, par le même, IV. — La peinture dans les Pays-Bas, par le même, V. — La peinture flamande ancienne et moderne, par M. Potvin, II. — La peinture en Allemagne au temps de la Réforme, par M. Woltmann, V. — Bernard Palissy, par M. Audiat, II. — Watteau, par M. Léon Dumont, III. — Delacroix et ses œuvres, par M. Alexandre Dumas, II. — Histoire de la musique aux xviiie et xixe siècles, par M. Debriges, I. — Histoire de la musique, par M. Helmholtz, V.

GÉOGRAPHIE

Géographie de la Gaule, par M. Bourquelot, I. — Histoire des découvertes géographiques au xixe siècle, par M. Himly, I. — Les États slaves et scandinaves, par le même, II. — Le premier âge des colonies françaises, par M. Jules Duval, V. — La Nouvelle-Calédonie, par M. Jules Garnier, V. — L'Afrique ancienne et moderne, par M. Himly, V. — Les découvertes récentes dans l'Afrique centrale, par Levasseur, II. — L'Abyssinie, par sir S. Baker, V. — L'Algérie et les colonies françaises, par J. Duval, I.

VOYAGES

Les voyages et la science, par M. Pingaud, VII. — Une visite à Patmos, par M. Petit de Julleville, IV. — Un voyage au Parnasse, par le même, VI. — Les sources du Nil, par sir Samuel Baker, III. — Le Nil, par le même, IV. — Les populations du Nil blanc, un voyage aux sources du Nil, l'Abyssinie, par M. Guillaume Lejean, II. — Le docteur Barth, Livingstone, par M. Jules Duval, IV. — L'Afrique et l'esclavage, par M. Ernest Morin, II. — De Mogador à Maroc, par M. Beaumier, V. —

Madagascar, souvenirs du Mexique, souvenirs du Canada et des États-Unis, par M. Désiré Charnay, II. — Les vrais Robinsons, par M. Victor Chauvin, II. — La vallée de Cachemyr, par M. Guillaume Lejean, IV. — L'intendant Poivre dans l'extrême Orient, par M. Jules Duval, IV. — La commission française dans l'Indo-Chine, par M. Garnier, VI. — Tentative de M. Cooper pour passer directement de la Chine dans l'Inde, par M. Saunders, VII. — De New-York à San-Francisco, par M. Simonin, IV. — Un projet de voyage au pôle Nord, par M. Gustave Lambert, IV.
Une ascension vers le ciel, par M. Tyndall, VII. — A travers la France et l'Italie en 1844, par Ch. Dickens, VII.

NÉCROLOGIE

De Barante, par M. Guizot, IV. — Victor Le Clerc, par M. Guigniault, III. — Victor Cousin, par M. Patin, IV. — Daveluy, par M. Ch. Lévêque, IV. — Gaudar, par M. Beaussire, IV. — Ad. Berger, par M. Martha, VII. - Perdonnet, V. — E. de Suckau, V. — Bœck, par M. Dietz, IV. — Mittermaier, par M. L. Koch, V. — Ortloff, V. — Schleicher, par M. Louis Leger, VI. — Bopp, par M. Guigniault, VII.

VARIÉTÉS

Causerie historique et littéraire sur la gastronomie, par M. Conus, IV. — Histoire d'un brigand grec, par M. L. Terrier, IV. — Les funérailles de Napoléon Ier, par Thackeray, V. — Étrangers à Paris, Français à l'étranger, par le même, VI.

GUERRE DE 1870. — SIÉGE DE PARIS

(Voir le volume de la septième année.)

La guerre de 1870, par M. Du Bois-Reymond. — France et Allemagne, par le R. P. Hyacinthe. — Les deux Allemagnes, par M. Mézières. — Les manifestes des professeurs allemands, par M. Geffroy. — La poésie patriotique en France, par M. Lenient. — De la poudre et du pain! par M. Ath. Coquerel. — Les blessés, par le même. — La défense par l'offensive, par M. Ravaisson. — Paris et la province, par M. Augustin Cochin. — Le dernier jour de 1870, par M. Le Berquier. — Du salut public, par M. de Pressensé.
La réunion de l'Alsace à la France, par Ch. Giraud. — Le paysan combattant l'invasion, par Ortolan. — Les réquisitions en temps de guerre, par Colmet de Santerre. — La convention de Genève, par Bonnier. — Le pensionnat de madame l'Europe, ou comment l'Allemand battit et détroussa le Français en présence de l'Anglais, qui le regarda faire (traduit de l'anglais).

REVUE DES COURS SCIENTIFIQUES
Table des matières contenues dans la première série
1864-1871.

PHILOSOPHIE DES SCIENCES

La science en général. — Développement des idées dans les sciences naturelles, par J. de Liebig, IV. — Les sciences naturelles et la science en général, par Helmholtz, IV. — Philosophie naturelle; caractères d'une véritable science, par P. G. Tait, VII.
Classification des sciences, par J. Murphy et A. R. Wallace, VII; — par A. Comte et Th. H. Huxley, VI.
Le positivisme et la science contemporaine, par Th. H. Huxley, VI. — Auguste Comte et M. Huxley, par R. Congrève, VI.
Le raisonnement scientifique. — Les axiomes de la géométrie, par H. Helmholtz, VII. — La théorie de M. Mill sur le raisonnement géométrique, par W. R. Smith, VII. — Induction et déduction dans les sciences, par J. de Liebig, IV.
La méthode expérimentale. — Méthode expérimentale, par Matteucci, II. — L'observation et l'expérimentation en physiologie, par Coste et Cl. Bernard, V. — L'expérimentation en géologie, par Daubrée, V. — L'expérimentation et la critique expérimentale dans les sciences de la vie, par Cl. Bernard, VI.
La force et la matière. — Matière et force, par Bence Jones, VII. — Unité des forces physiques, par Chevrier, VI. — La force et la matière, par A. Cazin, V. — Voyez PHYSIQUE et CHIMIE.
La vie et la pensée. — La base physique de la vie, par Th. H. Huxley, VI. — Les forces physiques et la pensée, par J. Tyndall, VI. — Matière et force dans les sciences de la vie, par Bence Jones, VII. — L'intelligence dans la nature, par J. Murphy et A. R. Wallace, VII. — Conception mécanique de la vie, par R. Virchow, III. — Unité de la vie, par Moleschott, I. — Voyez PHYSIOLOGIE et ZOOLOGIE.
Rôle des sciences dans la société. — Importance sociale du progrès des sciences, par Huxley, III. — Ce que doit être une éducation libérale, par Huxley, V. — Utilité des sciences spéculatives, par Riche, III. — Conquêtes de la nature par les sciences, par Dumas, III. — Passé et avenir des sciences, par Barral, II. — Développement national des sciences, par Virchow, III. — La science dans la société américaine, par B. A. Gould, VII.

ORGANISATION SCIENTIFIQUE

Les sciences et l'Institut, par Cl. Bernard, VI.
Universités étrangères. — L'organisation des universités, par E. du Bois-Reymond, VII. — Les universités allemandes, par Em. Alglave, VI. — L'enseignement supérieur en Russie, par Eug.

Feltz, VI. — Les universités italiennes, par Matteucci, IV. — Les musées scientifiques en Angleterre, par Lorain, VI.

Les laboratoires en France. — Le budget de la science en France, par Pasteur, V. — Utilité d'un laboratoire public de chimie, par Fremy, I. — Le laboratoire de physique de la Sorbonne, par Delestrée, IV. — Études géologiques pratiques à Paris en 1869, par Ed. Hebert, VI. — L'art d'expérimenter; histoire des laboratoires, par Cl. Bernard, VI. — L'organisation scientifique de la France par H. Sainte-Claire Deville, Bouley, de Quatrefages, Dumas, Morin, VII.

Établissements d'enseignement. — L'agronomie au Muséum d'histoire naturelle de Paris en 1869, par Em. Alglave, VI. — La Faculté de médecine et l'École de pharmacie de Paris, par Ém. Alglave, VII. — L'instruction primaire en France, par Bienaymé, VI.

Observatoires. — L'observatoire de Paris, par Le Verrier, V. — Observatoire météorologique de Montsouris, par Ch. Sainte-Claire Deville, VI. — Bureau météorologique d'Angleterre, par Robert H. Scott, VI. — Programme météorologique, par Dollfus-Ausset, VI.

ASTRONOMIE

Généralités. — La constitution de l'univers, par Delaunay, V. — L'éther remplissant l'espace, par Balfour Stewart, III. — Étude spectroscopique des corps célestes, cours par W. A. Miller, V. — La pluralité des mondes, par Babinet, IV. — Astronomie moderne, constitution physique du soleil, par Le Verrier, I. Le télescope, par Pritchard, IV. — Le sidérostat, par Laussedat, V. — L'Observatoire de Paris en 1866, par Le Verrier, V. — Les travaux récents en astronomie (1866-67), par von Madler, V.

Le soleil. Les éclipses. — Le soleil étoile variable, par Balfour Stewart, IV. — Parallaxe du soleil, par Le Verrier et Delaunay, V. — Constitution physique du soleil, par Faye, II. — Chaleur du soleil, par W. Thomson, VI. — Constitution physique du soleil, découvertes récentes par le spectroscope, par J. Normann Lockyer, VI.

Éclipses de soleil, par Laussedat, III. — L'éclipse totale de soleil du 18 août 1868, par Le Verrier et Faye, V. — L'éclipse totale du 18 août 1868 et la constitution physique du soleil, par C. Wolf, VI. — Protubérances solaires pendant l'éclipse du 7 août 1869, par W. Harkness et G. Rayet, VII.

Les étoiles. — Les soleils ou les étoiles fixes, par le P. Secchi, V. — Mouvements propres des étoiles et du soleil, par C. Wolf, III. — La scintillation des étoiles, par Montigny, V. — Étoiles variables périodiques et nouvelles, par Faye, III. — Une étoile variable, par Hind, III. — Le Scorpion, par W. de Fonvielle, V. — Nébuleuses, par Briot, II. — Le groupement des étoiles, les tourbillons et les nuages stellaires, VII.

Les étoiles filantes. — Les pierres qui tombent du ciel, par Stan. Meunier, IV. — Étoiles filantes en 1865-1866; origine cosmique, par A. S. Herschel, III. — Étoiles filantes en 1866-1867 ; rapport avec la lumière zodiacale ; étoiles du 10 août 1867 ; nouvelle méthode d'observation, par A. S. Herschel, IV. — Étoiles filantes, par A. Newton, Schiaparelli, de Fonvielle, IV.

La lune. — La lune et la détermination des longitudes, par Delaunay, IV. — Chaleur dans la lune, par Harrison, III.

Les comètes. — Comètes, par Briot, III. — Constitution physique des comètes, par Huggins, V. — Figure des comètes, par Faye, VII.

La terre. — La figure de la terre, par C. Wolf, VII. — Ralentissement de la rotation de la terre, par Delaunay, III. — Age et ralentissement de la rotation de la terre, par W. Thomson, VI. — Éloge historique de Puissant, par Elie de Beaumont, VI.

PHYSIQUE

Philosophie physique. — Voyez PHILOSOPHIE DES SCIENCES.

États de la matière. Forces moléculaires. — Divers états de la matière, par Jamin, I. — Conversion des liquides en vapeurs, par Boutan, II. — Les dissociations ; les densités de vapeurs, par Henri Sainte-Claire Deville, II. — Continuité des états liquides et gazeux, par Th. Andrews, VII.

Mélange des gaz ; atmolyse ; forces physiques dans la vie organique et inorgan., par Becquerel, II et III. — Mouvements vibratoires dans l'écoulement des gaz et des liquides, par Maurat, VI.

Air. Aérostation. — L'air et son rôle dans la nature, par A. Riche, III. — Aérostats, par Barral, I. — Navigation aérienne, par Simonin, IV. — Vol dans ses rapports avec l'aéronautique, par J. B. Pettigrew, IV. — Voyez MÉTÉOROLOGIE.

Eau. Glace. Glaciers. — Rôle de l'eau dans la nature, par Riche, III. — La glace, par Bertin, III. — Les glaciers, par Helmholtz et Tyndall, III ; — par L. Agassiz, IV. — La descente des glaciers, par H. Mosely, VII. — Phénomènes glaciaires, par Contejean, IV. — Période glaciaire, par Babinet, IV.

Acoustique. — Le son, par A. Cazin, III. — Les sons musicaux, par Lissajous, II. — Causes physiologiques de l'harmonie musicale, par Helmholtz, IV. — Vibration des cordes ; flammes sonores et sensibles ; influence du magnétisme et du son sur la lumière et du son sur les veines liquides, par J. Tyndall, V. — Son, par J. Tyndall, VI. — Timbre des sons, par Terquem, VI.

Chaleur. — Le chaud et le froid, par A. Riche, V. — Chaleur de la flamme oxyhydrogène, par W. Odling, V. — Radiation solaire, par Lissajous, III. — Chaleur comparée à la lumière et au son, par Clausius, III. — Chaleur rayonnante, par J. Tyndall, III. — La chaleur rayonnante, par Desains, V. — La température dans les profondeurs de la mer, par W. B. Carpenter, VI.

Théorie dynamique de la chaleur en physique, chimie, astronomie et physiologie, par Matteucci, III. — La seconde loi de la théorie mécanique de la chaleur, par Clausius, V. — Effets mécaniques de la chaleur ; sources de chaleur ; progrès récents de la thermodynamique, par Cazin, II et IV. — Mécanique de la

chaleur; travaux de Favre, par Henri Sainte-Claire Deville, VI.
— Les conséquences nécessaires et les inconséquences de la théorie mécanique de la chaleur, par J. R. Mayer, VII.

Électricité. — Nature de l'électricité, par Bertin, IV. — Les forces électriques, par A. Cazin, VI. — Électricité appliquée aux arts, par Fernet, IV. — Nouvelles machines magnéto-électriques, par C. W. Siemens, Wheatstone, C. F. Varley et W. Ladd, IV.

Application des phénomènes thermo-électriques à la mesure des températures, par Edm. Becquerel, V. — Des phénomènes électro-capillaires, par Onimus, VII. — Action physiologique des courants électriques de peu de durée dans l'intérieur des masses conductrices étendues; des oscillations électriques, par H. Helmholtz, VII. — Faraday, par Dumas, VII.

Magnétisme. — Magnétisme et électricité, par Quet, IV. — L'aimant, par Jamin, IV. — Déviation de la boussole dans les vaisseaux de fer, par A. Smith, III.

Lumière. — Théorie de la vision. — Voyez Physiologie (*Sens*).

Images par réflexion et par réfraction; lentilles, cours par Gavarret, III. — Les équivalents de réfraction, par Gladstone, V. — Composition de la lumière, coloration des corps, par Desains, IV. — Transformation des couleurs à l'éclairage artificiel, par Nicklès, III. — Phosphorescence et fluorescence, par A. Serré, V. — Polarisation de la lumière, par Bertin, IV. — Couleur bleue du ciel, polarisation de l'atmosphère, direction des vibrations de la lumière polarisée, par J. Tyndall, VI.

Causes de la lumière dans les flammes lumineuses, par E. Frankland et Henri Sainte-Claire Deville, VI.

Photochimie, par Jamin, IV. — Les rayons chimiques et la lumière du ciel, par J. Tyndall, VI. — Opalescence de l'atmosphère, intensité des rayons chimiques, par Roscoë, III. — Photographie, par Fernet, II.

L'analyse spectrale et ses applications à l'astronomie, par W. A. Miller, IV et V. Voyez Astronomie (*Soleil*). — Statique de la lumière dans les phénomènes de la vie, par Dubrunfaut, V.

MÉTÉOROLOGIE

L'air au point de vue de la physique du globe et de l'hygiène, par Barral, I. — L'atmosphère et les climats, cours par Gavarret, III. — Causes de la diversité des climats, par Marié-Davy, V.

Formation des nuages, par J. Tyndall, VI. — Formation et marche des nuages, par Scoutetten, VI. — La pluviométrie, recherches de Bérigny, par Bienaymé, VI. — Électricité atmosphérique, par Palmieri, II. — La foudre, par Jamin, III.

GÉOGRAPHIE PHYSIQUE — VOYAGES

Courants marins, par Burat, I. — Courants et glaces des mers polaires, par Ch. Grad, IV. — Conquête du pôle Nord, par

Simonin, V. — L'expédition allemande dans l'océan Glacial arctique en 1868, par Ch. Grad, VII.
Taïti, par Jules Garnier, VI. — Les montagnes Rocheuses, par W. Heine, V. — Le Japon, par La Vieille, V. — Voyage d'exploration scientifique en 1868 et 1869, par R. I. Murchison, VI.

CHIMIE

L'affinité. L'action chimique. — Propriétés générales des corps par Balard, I. — Généralités de la chimie, par S. de Luca, I. — L'affinité, par Chevreul, V. — L'affinité, par Dumas, V. — L'état naissant des corps, par H. Sainte-Claire Deville, VII. — Principes généraux de chimie d'après la thermo-dynamique, par H. Sainte-Claire Deville, V. — Durée des actions chimiques, par Vernon Harcourt, V. — L'action chimique directe et inverse, par W. Odling, VI. — L'affinité. Phénomènes mécaniques de la combinaison, par H. Sainte-Claire Deville, IV. — Actions catalytiques, par Schönbein, III.

Physique chimique. — Dialyse, par Balard, I. — Diffusion des gaz, par Graham et Odling, IV. — Absorption des gaz par les métaux, par Odling, V. — Diffusion des corps, par de Luynes, V. — Travaux de Graham, par Williamson et Hoffmann, VII.

Constitution des corps. Théories chimiques. — La chimie d'autrefois et celle d'aujourd'hui, par Kopp, IV. — Constitution des corps organiques; les théories chimiques, par Troost, VI. — Les doctrines chimiques depuis Lavoisier, par Würtz, VI. — Constitution chimique des corps et ses rapports avec leurs propriétés physiques et physiologiques, par Crum Brown, VI. — La divisibilité et le poids des molécules (travaux de Williamson). La théorie des types, par A. Ladenburg, VII. — Les états isomériques des corps simples, cours par Berthelot, VI et VII. — Cours de chimie inorganique d'après la théorie typique de Gerhardt, par Daxhelet, VII.

Métalloïdes. — Les métalloïdes, cours par A. Riche, II. — Combustion par Würtz, I. — Le feu, par Troost, II. — Chaleur de la flamme oxyhydrogène, par W. Odling, VI. — Le feu liquide, par Nicklès, VI. — L'air, par A. Riche, — et par Peligot, III. Voyez PHYSIQUE (*Air*). — L'eau, par Würtz, II. — Les eaux de Paris, par A. Riche, III. — Les eaux de Londres, par E. Frankland, V et VI. — Le soufre, par Payen, III, — et par Schutzenberger, V. — Les eaux sulfureuses des Pyrénées, par Filhol, VI. — Constitution du carbone, de l'oxygène, du soufre et du phosphore, par Berthelot, VI et VII. — La synthèse chimique; l'acide cyanhydrique et le sulfure de carbone, par Berthelot, VI. — Poudre (voy. SCIENCES MILITAIRES).

Sels. Dissolutions. — Lois de constitution des sels, par H. Sainte-Claire Deville, I. — Spectres chimiques, par S. de Luca, I. — Les dissolutions, par Balard, I. — Les solutions sursaturées, par Ch. Violette, II, — par J. Jeannel, III, — et par Gernez, IV.

Métaux. — Méthodes générales de réduction des métaux, par

H. Sainte-Claire Deville, II. — L'aluminium, par le même, I. — Cæsium, rubidium, indium, thallium, par Lamy, V. — L'hydrogénium, par Th. Graham, VII. — Le vanadium et ses composés, par Roscoë, VI. — Les alliages et leurs usages, par Matthiessen, V. — Cyanures doubles du manganèse et du cobalt, par Descamps, V. — Nouveaux fluosels et leurs usages, par Nicklès, V.

Chimie organique. — Méthodes générales en chimie organique, par Berthelot, IV. — Rôle de la chaleur dans la formation des combinaisons organiques, cours par Berthelot, II. — Histoire des alcools et des éthers, par Berthelot, II. — Ammoniaques composées ; nouvelles matières colorantes, par A. W. Perkins, VII. — Composés organiques du silicium, par Friedel, V. — Sulfocyanures des radicaux organiques, par Henry, V. — Une nouvelle classe de sels ; l'acide hypochloreux en chimie organique, par Schutzenberger, V. — Les éthers cyaniques, par Cloëz, III. — Chimie organique, par Würtz, II. — Série aromatique, par Bourgoin, III.

Chimie physiologique. — Action de l'oxygène sur le sang, par Schönbein, II. — Des fermentations, rôle des êtres microscopiques dans la nature, par Pasteur, II. — Existence dans les tissus des animaux d'une substance fluorescente analogue à la quinine, par Bence Jones, III. — Circulation chimique dans les corps vivants, par Bence Jones, VI. — Études de L. Pasteur sur la maladie des vers à soie, par Duclaux, VII.

Histoire. — Les travaux chimiques en Allemagne en 1869, par A. Kékulé, VII. — Scheele ; un laboratoire de chimie au XVIIIe siècle, par Troost, III. — Éloge historique de Pelouze, par Dumas, VII. — Le laboratoire de chimie de la Faculté de médecine de Paris en 1867, par Würtz, V.

GÉOLOGIE — MINÉRALOGIE

Origine et avenir de la terre, par Contejean, III. — Théorie de la terre de Hutton, par Christison, VI. — Les temps géologiques ; âge et chaleur centrale de la terre, par W. Thomson, VI. — Chaleur centrale de la terre, par Raillard, V. — Périodes géologiques, par Wallace, III.

Formation de la croûte solide du globe, par Ed. Hébert, I. — Oscillations de l'écorce terrestre pendant les époques quaternaire et moderne, par Ed. Hébert, III.

Les montagnes, par Lory, V. — Le réseau pentagonal, par Élie de Beaumont, VI. — La géographie et la géologie, par R. I. Murchison, VII. — Transports diluviens dans les vallées du Rhin et de la Saône, par Fournet, V. — Voyez PHYSIQUE (*Glaciers*).

Géologie du bassin de Paris, par A. Gaudry, III. — Géologie de l'Auvergne, par Lecoq, II. — L'Alsace pendant la période tertiaire, par Delbos, VII. — Les pays électriques, par Fournet, V. — Théorie des micaschistes et des gneiss, par Fournet, IV.

Volcans. Tremblements de terre. — Les volcans et les tremblements de terre, par T. Sterry Hunt, VI. — Phénomènes chimiques des volcans; causes des éruptions, par Fouqué, III. — Siége probable de l'action volcanique, par T. Sterry Hunt, VII. — Volcans du centre de la France, par Lecoq, III. — Volcans de boue; gisements de pétrole en Crimée, par Ansted, III. — Éruption du Vésuve, par Palmieri et Mauget, V. — Éruption d'une île volcanique, par Fouqué, III. — Éruptions sous-marines des Açores, par Fouqué, V. —Le tremblement de terre d'août 1868 dans la Sud-Amérique, par Cl. Gay, VI.

Histoire. — Histoire de la géologie, par Ed. Hébert, II. — Histoire de la minéralogie, par Daubrée, II. — Les questions récentes en géologie, par Ch. Lyell, I.

PALÉONTOLOGIE

Développement chronologique et progressif des êtres organisés, par d'Archiac, V. — La faune quaternaire, cours par d'Archiac, I. — La caverne de Kent, par Pengelly, III. — La théorie de l'évolution et la détermination des terrains; les migrations animales aux époques géologiques, par A. Gaudry, VII. — Les organismes microscopiques en géologie, par Delbos, V. — Un morceau de craie, par Th. H. Huxley, V.

Histoire. — Histoire de la paléontologie, par A. Gaudry, VI. — La paléontologie de 1862 à 1870; la doctrine de l'évolution, par Th. H. Huxley, VII.

BOTANIQUE

Anatomie. Physiologie. — Organographie végétale, cours par Chatin, I et II. — Développement des végétaux, racines, par Baillon, I.—Respiration des plantes aquatiques, par Van Tieghem, V. — Action de la vapeur de mercure sur les plantes, par Boussingault, IV. —Tendances des végétaux; action de la chaleur sur les plantes, par Duchartre, VI. — Végétation du printemps, par Lecoq, II. — Végétation pyrénéenne, par Jaubert, V.

L'individu. L'espèce. — L'individualité dans la nature au point de vue du règne végétal, par Naegeli, II. — Métissage et hybridation chez les végétaux, par de Quatrefages, VI. — La primevère de Chine et ses variations par la culture, par E. Faivre, VI.

Cryptogames. — Reproduction chez les cryptogames, par Brongniart, V.—Les algues, par Brongniart, V.—Les champignons, par Tulasne, V. — Champignons, cours par A. Brongniart, VI.

Paléontologie végétale. — Les flores de l'ancien monde, d'après les travaux de Schimper, par Ch. Grad, VII. — La végétation primitive, par J. Dawson, VII.—La végétation à l'époque houillère, par Bureau, IV. — Les forêts cryptogamiques de la période houillère, par W. Carruthers, VII.

Histoire. Bibliographie.—Les travaux botaniques de 1866 à 1870, par G. Bentham, VII.—Congrès international de Paris en 1867, par E. Fournier, IV. — Histoire des plantes de Baillon, VII.— Paléontologie végétale de Schimper, par A. Brongniart, VII.

AGRICULTURE

Chimie agricole. — Géologie et chimie agricoles, cours par Boussingault, I et III. — Physique végétale, cours par Georges Ville, II et III. — L'agriculture et la chimie, par Isid. Pierre, V. — La production végétale, assimilation par les plantes de leurs éléments constitutifs; les engrais chimiques et le fumier, cours par G. Ville, V. — Assimilation des éléments qui composent les plantes, par Isid. Pierre, VI.

Économie et génie agricoles. — Situation actuelle (1866) de l'agriculture, par Barral, III — La crise agricole, par G. Ville, III. — L'agriculture par la science et par le crédit, par G. Ville, VI. — Travaux agricoles en France, par Hervé Mangon, I.

Céréales. — Verse des céréales par Isid. Pierre, VI. — Les parasites des céréales; l'ergot du seigle, par E. Fournier, VII.

Cultures spéciales. — Rapports de la botanique et de l'horticulture par A. de Candolle. III. — La sériciculture dans l'Inde, par Simmonds, VI.

ZOOLOGIE

Origine de la vie. Génération spontanée. — Origine des êtres organisés, par A. Müller, IV. — Les générations spontanées, par Milne Edwards, I; — par Coste, I; — par Pasteur, I; — par Pouchet, I; — par N. Joly, II. — Le rapport à l'Académie sur les générations spontanées, II.

Origine des espèces. — Théorie de l'espèce en géologie et en botanique, avec ses applications à l'espèce et aux races humaines, cours par de Quatrefages, V et VI. — Le transformisme, par Broca, VII. — Division des êtres organisés en espèces, par A. Müller, IV. — Métissage et hybridation, par de Quatrefages, VI. — Influence des milieux sur la variabilité des espèces, par Faivre, V. — La théorie de l'évolution; animaux intermédiaires entre les oiseaux et les reptiles, par Th. H. Huxley, V. — Ch. Darwin à l'Académie des sciences de Paris, VII. — Les travaux de Ch. Darwin, par H. Milne Edwards, VII. — L'origine des espèces, par A. R. Wallace, VII. — Voyez ANTHROPOLOGIE.

Zoologie biologique. — Point de vue biologique dans l'étude des êtres vivants, par A. Moreau, III. — Les animaux inférieurs; la physiologie générale et le principe vital, par P. Bert, VI. — Le commensalisme dans le règne animal, par P. J. van Beneden, VII. — La vie animale dans les profondeurs de la mer, par W. B. Carpenter, VI et VII. — Le fond de l'Atlantique, faune et conditions biologiques, par L. Agassiz, VII.

Morphologie générale. — Principes rationnels de la classification zoologique; les espèces; ordre d'apparition des caractères zoologiques pendant la vie embryonnaire, par L. Agassiz, VI. — Rapports fondamentaux des animaux entre eux et avec le monde ambiant, au point de vue de leur origine, de leur distribution géographique et de la base du système naturel en zoologie, cours par Agassiz, V. — Les animaux et les plantes aux temps géologiques, par Agassiz, V. — La série chronologique, la série embryologique et la gradation de structure chez les animaux, par Agassiz, V. — Les classifications et les méthodes en histoire naturelle, par Contejean, VI. — L'histoire naturelle de la création, par Burmeister, VII. — Les métamorphoses dans le règne animal, par P. Bert, IV.

Vertébrés. — Classification nouvelle des Mammifères, par Contejean, V et VI. — La physionomie, théorie des mouvements d'expression, par Gratiolet, II. — Distribution géographique des Mammifères, par Bert, IV. — Les Singes, par Filippi, I. — L'Orang-outan ; les Lynx, par Brehm, V. — Le vol chez les oiseaux, cours par Marey, VI et VII. — Reptiles, cours par Duméril, I. — Poissons électriques, par Moreau, III.

Insectes. Annelés. — Histoire de la science des animaux articulés; espèces utiles et nuisibles, par E. Blanchard, I et III. — Organisation et classification des Insectes, cours par Gratiolet, I. — Métamorphoses des Insectes, par Lubbock, III. — Métamorphoses et instincts des Insectes, cours par E. Blanchard, III et IV. — Le vol chez les Insectes, par Marey, VI et VII. — Vaisseaux capillaires artériels chez les Insectes, par Kunckel, V. Fourmis, par Ch. Lespès, III. — Soie et matières textiles provenant des animaux, par E. Blanchard, II. — La sériciculture dans l'Inde, par Simmonds, VI. — Ravages de la Noctuelle des moissons dans les cultures du nord de la France, par E. Blanchard, II. — Génération et dissémination des Helminthes, par Baillet et Cl. Bernard, V.

Mollusques. Zoophytes. — Michael Sars, par E. Blanchard, VII. — Manuel de conchyliologie de Woodward, VII. — Recherches de Marion sur les Nématoïdes marins; travaux de N. Wagner sur les Ancées du golfe de Naples, par E. Blanchard, VII. Danger des déductions à priori en zoologie, par Lacaze-Duthiers, III. — Organisation des Zoophytes; Corail, cours par Lacaze-Duthiers, III. — Madrépores, par Vaillant, IV. — Génération chez les Alcyonaires, par Lacaze-Duthiers, III. — Lamarck, de Blainville et Valenciennes, par Lacaze-Duthiers, III.

Distribution géographique. — Histoire naturelle de la Basse-Cochinchine, par Jouan, V. — Faune de la Nouvelle-Zélande, par Jouan, VI. — Le centenaire de Humboldt, par L. Agassiz, VII.

ANTHROPOLOGIE

L'homme fossile. Anthropologie préhistorique. — Histoire primitive de l'homme, par K. Vogt, VI. — Existence de l'homme à l'époque tertiaire, par Alph. Favre, VII. — L'homme tertiaire en Amérique et la théorie des centres multiples de création, par Hamy, VII. — L'homme fossile ; habitations lacustres ; industrie primitive, par N. Joly, II. — Tumuli et habitations lacustres, par Virchow, IV. — Boucher (de Perthes), par Dally, VI. L'art dans les cavernes, par de Mortillet, IV. — Condition intellectuelle de l'homme dans les âges primitifs, par E. B. Tylor, IV. — Condition primitive de l'homme et origine de la civilisation, par J. Lubbock, V. — Survivance des idées barbares dans la civilisation moderne, par E. B. Tylor, VI. — Conditions du développement mental, par Kingdom Clifford, V.

Le congrès d'anthropologie préhistorique : session de 1868 à Norwich, compte rendu par L. Lartet, VI. — Session de 1869 à Copenhague, par X. et Cazalis de Fondouce, VI et VII.

Origine de l'homme. — L'homme et sa place dans la création, par Gratiolet, I. — L'homme et les singes, par Filippi, I. — La sélection naturelle et l'origine de l'homme, par E. Claparède, VII.

Unité de l'espèce humaine. — Unité de l'espèce humaine, cours par de Quatrefages, II, V et VI. — Propagation par migrations, par de Quatrefages, II. — Métissage et hybridation, par de Quatrefages, VI. — Unité de l'espèce humaine, par Hollard, II. — Les centres multiples de création, par L. Agassiz, V, — et par Hamy, VII. — Voyez ZOOLOGIE (*Origine des espèces*).

Les races. Ethnologie. — Histoire naturelle de l'homme, cours par Gustave Flourens, I. — Caractères généraux des races blanches, par de Quatrefages, I. — Formation des races humaines mixtes, par de Quatrefages, IV. — Crâniologie ethnique, par N. Joly, V. — Synostose des os du crâne, par de Quatrefages, VI. — L'ethnologie de la France au point de vue des infirmités, par Broca, VI. — Les Kabyles du Djurjura, par Duhousset, V. — Ethnologie de l'Inde méridionale, par de Quatrefages, VI. — Le choléra à la Guadeloupe chez les diverses races, par de Quatrefages, VI. — Acclimatation des Européens dans les pays chauds, par Simonot, IV. — La physionomie; théorie des mouvements d'expression, par P. Gratiolet, II.

Statistique. — Mouvement et décadence de la population française, par Broca, Jules Guérin, Bertillon, Boudet, IV. — La mortalité dans les divers départements de la France, par Bertillon, VII. — La vie moyenne dans l'Ain. L'instruction primaire en France, par Bienaymé, VI. — La mortalité militaire pendant la guerre d'Italie en 1859, par Bienaymé, VII. — La population de Cuba, VII.

Histoire des travaux anthropologiques. — Les questions anthropologiques de notre temps, par Schaaffhausen, V. — L'anthropologie en France depuis vingt ans (1846-1867), par de Quatrefages, IV. — Etudes anthropologiques et Sociétés d'anthropologie en France et en Amérique de 1858 à 1868, par Broca, VI. — Travaux de la Société d'anthropologie de Paris de 1865 à 1867, par Broca, IV. — Séances de la Société d'anthropologie de Paris en 1870. Ethnologie de la Basse-Bretagne; suite de la discussion sur le transformisme, VII. — Le cerveau de l'homme et des primates; ostéologie pathologique des nouveau-nés; acclimatation des Européens en Afrique; discussion sur le transformisme, VII.

ANATOMIE — HISTOLOGIE

Histoire. — Histoire de l'anatomie, par P. Gervais, VI. — L'école anatomique française, par G. Pouchet, IV.
Microscope et autres moyens d'étude en anatomie générale; caractères organiques des tissus; ce qu'on doit entendre par *organisation* dans l'état actuel de la science, par Ch. Robin, I. — Histologie, programme du cours de Ch. Robin, I et II. — Principes généraux d'histologie, par Ch. Robin, V.
Conditions anatomiques des actions réflexes, par Chéron, V. — Structure du cylindre-axe et des cellules nerveuses, par Graudry, V. — Rapports du système grand sympathique avec les capillaires, par G. Pouchet, III.
Appropriation des parties de l'organisme à des fonctions déterminées. — L'anatomie générale et ses applications à la médecine, par Ch. Robin, VII.
Anatomie pathologique. — L'anatomie pathologique, par Vulpian, VII. — L'anatomie pathologique, par Laboulbène, III.

PHYSIOLOGIE

Théorie de la vie. — Conception mécanique de la vie. Atome et individu, par Virchow, III. — La physique de la cellule dans ses rapports avec les principes généraux de l'histoire naturelle, par Wundt, V. — L'irritabilité, cours par Cl. Bernard, I. — La science de la vie, par W. Kühne, VII. — Unité de la vie. Limites de la nature humaine, par Moleschott, I. — La causalité en biologie, par Moleschott, II. — La base physique de la vie, par Th. H. Huxley, VI.
Méthode en physiologie. — La méthode en physiologie, par Moleschott, I. — L'expérimentation et la critique expérimentale dans les sciences de la vie, par Cl. Bernard, VI. — L'observation anatomique et l'expérimentation physiologique, par P. Bert, VI. — L'art d'expérimenter et les laboratoires. Les moyens contentifs physiologiques, cours par Cl. Bernard, VI. — L'observation et l'expérimentation en physiologie, par Coste et Cl. Bernard, V. — Voyez ORGANISATION SCIENTIFIQUE.
Physiologie générale. — Deux cours, par Cl. Bernard, I, II et III. — Les animaux inférieurs, la physiologie générale et le principe vital, par P. Bert, VI. — Physiologie et zoologie, par P. Bert, VII. — Organisation et connexions organiques, par Cl. Bernard, V. — Voyez MÉDECINE (*Médecine expérimentale*).
Vie et lumière, par Moleschott et par Büchner, II. — Différences physiologiques et intellectuelles des deux sexes, VI. — Des forces en tension et des forces vives dans l'organisme animal, par Onimus, VII. — Voyez ZOOLOGIE BIOLOGIQUE.
Le cerveau. — Les centres nerveux; travaux de Flourens, par Cl. Bernard, VI. — Vitesse des actes cérébraux, par Marey, VI. — Vitesse de la transmission de la sensation et de la volonté à travers les nerfs, par E. du Bois-Reymond, IV. — Activité

inconsciente du cerveau, par Carpenter, V. — Relation entre l'activité cérébrale et la composition des urines, par Byasson, V. — Ablation du cerveau chez les pigeons, par Voit, VI. — Les alcaloïdes de l'opium, cours par Cl. Bernard, VI.

Les sens. — Théorie de la vision, cours par H. Helmholtz, VI. — L'œil, par Mansart, IV. — La vision binoculaire, par Giraud-Teulon, V. — Fonction collective des deux organes de l'ouïe, par Plateau, V.

Le système nerveux. — L'élément nerveux et ses fonctions; les actions réflexes, cours par Cl. Bernard, I et II. — Le système nerveux, par P. Bert, III. — Fonctions du système nerveux, cours par Vulpian, I et II. — Origine de l'électrotone des nerfs, par Matteucci, V. — L'électrophysiologie, cours par Matteucci, V. — Les anesthésiques, cours par Cl. Bernard, VI. — Les actions nerveuses sympathiques, par P. Bert, VII. — Centre d'innervation du sphincter de la vessie, par Massius, V. — Le curare, cours par Cl. Bernard, II et VI.

Le système musculaire. — L'élément contractile et ses fonctions, cours par Cl. Bernard, I. — Production du mouvement chez les animaux, par Marey, IV. — Méthode graphique en biologie; mouvement dans les fonctions de la vie; deux cours par Marey, III et IV. — Le vol chez les insectes, cours par Marey, VI. — Le vol chez les oiseaux, cours par Marey, VI et VII. — Les mouvements involontaires chez les animaux, cours par Michaël Foster, VI. — Sources chimiques de la force musculaire, par E. Frankland, IV.

Le cœur. — Le cœur et ses rapports avec le cerveau, par Cl. Bernard, II. — L'innervation du cœur, par Cl. Bernard, V.

Le sang, la circulation et la respiration. — Les propriétés du sang, cours par Cl. Bernard, II. — Le sang étudié au moyen de l'oxyde de carbone; l'asphyxie, cours par Cl. Bernard, VII. — La vie du sang, par Virchow, III. — Une ambassade physiologique, par Moleschott, IV. — La respiration, par P. Bert, V. — Physiologie du mal des montagnes, par Lortet, VII. — Circulation chimique dans les corps vivants. Passage de divers sels dans les tissus, par Bence Jones, VI.

La digestion et les sécrétions. — Physiologie comparée de la digestion, cours par Vulpian, III et IV. — Les liquides de l'organisme, sécrétions internes et externes, excrétions, cours par Cl. Bernard, III. — Théorie des peptones et absorption des substances albuminoïdes, par E. Brücke, VI. — Rôle de la cholestérine dans l'organisme, travaux d'Austin Flint, par St. Laugier. — Recherches de Gréhant sur l'excrétion de l'urée, par F. Terrier, VII. — La déglutition, par Cl. Bernard, V.

Embryogénie. — Embryogénie comparée, cours par Coste, I et II. — Histoire d'un œuf, par Vaillant, VI. — Structure et formation de l'œuf chez les animaux, par Ed. van Beneden et Gluge, VI. — L'œuf et la théorie cellulaire, par Schwann, VI. — L'ovaire et l'œuf, travaux récents, par Ed. Claparède, VII. — Origine et

mode de formation des monstres omphalosites, par Dareste, II.
— Génération des éléments anatomiques, par Ch. Robin, IV.

MÉDECINE

Philosophie médicale.—Matérialisme et spiritualisme en médecine, par Hiffelsheim, II. — Maladie dans le plan de la création, par Cotting, III. — Erreurs vulgaires au sujet de la médecine, par Jeannel, III. — Physiologie base de la médecine, par Moleschot, III.—Les systèmes et la routine en médecine, par Axenfeld, V. — La médecine d'observation et la médecine expérimentale, par Cl. Bernard, VI. — L'évolution de la médecine scientifique, par Cl. Bernard, VII.

Pathologie générale. — Qu'est-ce que la maladie? État actuel de la pathologie, par Virchow, VII. — La médecine de nos jours, par W. Acland, V.—La médecine clinique contemporaine, par W. Gall, V. — L'avenir de la médecine, par Béclard, V.—Poussières et maladies, par J. Tyndall, VII. — Pathologie générale, par Chauffard, I; — et par Lasègue, II. — La médecine scientifique; la méthode graphique appliquée à l'étude clinique des maladies, par Lorain, VII. — Progrès récents en pathologie, par R. Virchow, V.

Médecine expérimentale.—Le curare considéré comme moyen d'investigation biologique, cours par Cl. Bernard, II. — Histoire des agents anesthésiques et des alcaloïdes de l'opium, cours par Cl. Bernard, VI. — L'oxyde de carbone, cours par Cl. Bernard, VII. — Le sang dans l'empoisonnement par l'acide prussique, par Büchner, VI.

Thérapeutique. — Thérapeutique, par Trousseau, II. — Passé et avenir de la thérapeutique; l'observation clinique et l'expérimentation physiologique, par Gubler, VI. — L'électrothérapeutique, par Becquerel, IV et VII. — Courant constant appliqué au traitement des névroses, cours par Remak, II. — Eaux sulfureuses des Pyrénées, par Filhol, VI.

Pathologie spéciale. — L'alimentation et les anémies, cours par G. Sée, III. — La glycogénie et la glycosurie, par Bouchardat, VI. — La fièvre, par Virchow, VI. — Causes des fièvres intermittentes et rémittentes, par J. A. Salisbury, VI. — La vaccine, par Brouardel, VII.—La variole à Paris et à Londres, par Bouchardat, VII. — La rage, par Bouley, VII.—Le choléra à la Guadeloupe chez les diverses races, par de Quatrefages, VI. — La mortalité des femmes en couches, par Lorain, VII. — Maladies mentales, par Lasègue, II. — Gheel; aliénés vivant en famille, par J. Duval, V.

Chirurgie. — Occlusion pneumatique des plaies, par J. Guérin, V. — Les germes atmosphériques et l'action de l'air sur les plaies, par J. Tyndall, VII. — Nature et physiologie des tumeurs, par Virchow, III. — Régénération des os; coloration des tissus par le régime garancé, par Joly, IV. — Bégayement dans d'autres organes que ceux de la parole, par J. Paget, VI.

Ophthalmologie. — Congrès international ophthalmologique de Paris en 1867, par Giraud-Teulon, IV. — Les travaux de von Graefe, par Giraud-Teulon, VII. — Myopie au point de vue militaire, par Giraud-Teulon, VII. — Voyez Physiologie (Sens).
Hygiène. — Hygiène, par Bouchardat, I. — Hygiène et physiologie, par H. Favre, I. — L'hygiène publique en Allemagne, par Pettenkofer, V. — Voyez Siége de Paris en 1870-1871.
Influence de la civilisation sur la santé, par J. Bridges, VI. — La mortalité des nourrissons, par Bouchardat, VII. — Les eaux de Londres, par E. Frankland, V et VI.
La fécondité des mariages et les doctrines de Malthus, par Broca, V. — Le blé dans ses rapports avec la mortalité, le nombre des mariages et des naissances, les famines, par Bouchardat, V.
Les hôpitaux. — Les hôpitaux et les lazarets, par Virchow, VI. — L'assistance publique à Paris, par Lorain, VII.
Histoire de la médecine. — Histoire de la médecine, par Daremberg, II. — La médecine dans l'antiquité et au moyen âge, par Daremberg, III et IV. — La médecine du xve au xviie siècle, par Daremberg, V. — Histoire des doctrines médicales, par Bouchut, I. — Guy de Chauliac, par Follin, II. — Harvey, par Béclard, II. — L'école de Halle, Fréd. Hoffmann et Stahl, par Lasègue, II. — Barthez et le vitalisme, par Bouchut, I. — Les chirurgiens érudits: Antoine-Louis, par Verneuil, II.

MÉCANIQUE

Les forces motrices, par A. Cazin, VII. — Transmission du travail dans les machines; palier glissant de Girard; machine à gaz de Hugon; machine à air chaud de Laubereau, par Haton de la Goupillère, IV. — Histoire des machines à vapeur, par Haton de la Goupillère, III. — La marche à contre-vapeur des machines locomotives, VII.

SCIENCES INDUSTRIELLES

Chemins de fer. Canaux. — Histoire des chemins de fer : le pont du Rhin, le percement du mont Cenis, par Perdonnet, I. — Le percement du mont Cenis, par A. Cazin, VII. — Le chemin de fer de l'Atlantique au Pacifique, par W. Heine, IV. — Le tunnel sous-marin entre la France et l'Angleterre, par Bateman, VII. — Travaux du canal de Suez, par Borel, IV.
Télégraphie électrique. — La télégraphie électrique, par Fernet, V. — Le télégraphe transatlantique, câble, appareils électriques, transmission des courants, par Varley et W. Thomson, V. — Pose des câbles sous-marins, par Fleeming-Jenkin, VI.
Fer. — Le fer à l'Exposition de 1867, par L. Simonin, IV.
Mines. — La houille et les houilleurs, par L. Simonin, IV. — Épuisement probable des houillères d'Angleterre, par Stanley Jevons, V. — Placers de la Californie, par L. Simonin, IV.

Arts. — Physique appliquée aux arts, cours par Ed. Becquerel, I. — Photographie, par Fernet, II. — Cristallisations salines, application à l'impression sur tissus, par Ed. Gand, V.

Chimie appliquée aux arts, cours par Péligot, I. — La teinture, par de Luynes, III. — Matières colorantes récentes; ammoniaques composées, par W. H. Perkins, VI.

Industries chimiques. — Chimie appliquée à l'industrie, cours par Payen, I. — L'éclairage au gaz, par Payen, II. — Le verre, par de Luynes, IV. — Le guide du verrier. Le conseil des prud'hommes, par Bienaymé, VII.

SCIENCES MILITAIRES

Stratégie. Fortifications. — Les nouvelles armes de précision; avantage de la défense sur l'attaque; les fortifications de campagne; attaques des côtes fortifiées, par H. Shaw, VII. — Fortifications des côtes de l'Angleterre, par F. D. Jervois, VI.

Artillerie; armes. — Système Moncrieff pour les batteries d'artillerie côtière, par Moncrieff, VI. — L'artillerie prussienne, VII. — Les fusils se chargeant par la culasse, par Majendie, IV.

Marine. — Les navires cuirassés, par E. J. Reed, VII. — Nouvelles machines à vapeur de la marine militaire française, par Dupuy de Lôme, IV. — Applications de l'électricité à la marine et à la guerre, par Abel, VI.

Soldats. — Validité militaire de la population française, par Broca, IV. — L'ethnologie de la France au point de vue des infirmités militaires, par Broca, VII. — La myopie au point de vue militaire, par Giraud-Teulon.

Poudre. — La poudre à canon; nouvelles substances pour la remplacer, par Abel, III. — Le picrate de potasse et les poudres fulminantes, par G. Tissandier, VI. — Force de la poudre et des matières explosibles, par Berthelot, VII.

Chirurgie militaire. — Ambulances et hôpitaux des armées en campagne, par Champouillon, VII. — Les plaies par armes à feu, par Nélaton, VII. — Amputations, suite des blessures par armes de guerre, par Sédillot, VII. — La mortalité militaire pendant la campagne d'Italie en 1859, par Bienaymé, VI. — Premiers soins à donner aux blessés, par Verneuil, VII.

SIÉGE DE PARIS EN 1870-1871

Alimentation. — Le régime alimentaire pendant le siége, par G. Sée, VII. — Conseils sur la manière de se nourrir pendant le siége, par A. Riche, VII. — Des moyens d'employer pendant le siége nos ressources alimentaires, par Bouchardat, VII.

Hygiène. Médecine. — Des maladies qui peuvent se développer dans une ville assiégée, par Béhier, VII. — L'hygiène de Paris pendant le siége, par Bouchardat, VII. — L'état sanitaire de Paris pendant le siége, par Bouchardat, VII. — Premiers soins à donner aux blessés, par A. Verneuil, VII.

HISTOIRE DES SCIENCES

Antiquité. Moyen âge. — État arriéré des sciences chez les anciens, par von Littrow, VII. — L'état naissant des sciences au moyen âge, par H. Kopp, VII.

Renaissance. — Revue générale du développement des sciences dans les temps modernes, par H. Helmholtz, VII. — La médecine du xv° au xvii° siècle, par Daremberg, V. — Harvey, par Béclard, II. — Travaux de la vieillesse de Galilée; Galilée et Babiani, par Philarète Chasles, VI.

XVII° siècle. — Correspondance de Galilée, de Pascal et de Newton sur l'attraction universelle, etc., par MM. Chasles, Faugère, Le Verrier, Duhamel, David Brewster, R. Grant, IV et VI. — Newton, par J. Bertrand, II. — Les idées de Newton sur l'affinité, par Dumas, V.

XVIII° siècle. — Clairault et la mesure de la terre, par J. Bertrand, III. — Voltaire physicien, par E. du Bois-Reymond, V. — Franklin, par H. Favre, I. — Scheele, par Troost, III. — Génie scientifique de la Révolution, par H. Favre, I. — Antoine Louis, par A. Verneuil, II. — Les œuvres de Lavoisier, par Dumas, V. — Barthez, par Bouchut, I.

XIX° siècle. — Gœthe naturaliste, par H. Helmholtz, VII. — Lamarck, de Blainville et Valenciennes, par Lacaze-Duthiers, III. — A. de Humboldt par L. Agassiz, VII. — Puissant, par Elie de Beaumont, VI. — Dutrochet, par Coste, III. — Gratiolet, par P. Bert, III. — Poncelet, par Ch. Dupin, V. — Faraday, par Dumas, V. — E. Verdet, par Levistal, IV. — Flourens, par Cl. Bernard et Palin, VI. — Boucher (de Perthes), par Dally, VI. — Purkynié, par L. Léger, VII. — Pelouze, par Cahours, V. — et par Dumas, VII. — Foucault, par Lissajous, VI. — Th. Graham, par Williamson et Hoffmann, VII. — Cl. Bernard, par Palin, VI. — Michaël Sars, par E. Blanchard, VII. — Von Graefe, par Giraud-Teulon, VII.

HISTOIRE DES SOCIÉTÉS SAVANTES

Le rôle des sociétés savantes, par Fotherby, VII.

La première Académie des sciences de Paris (de 1666 à 1699), par J. Bertrand, V. — L'ancienne Académie des sciences de 1789 à 1793, par J. Bertrand, IV. — Le Congrès des sociétés savantes de France en 1867, IV. — Les travaux scientifiques des départements en 1868 et en 1869, par E. Blanchard, V, VI et VII. — La Société des amis des sciences, par Boudet, V, VI.

Association Britannique, session de Dundee en 1867, par W. de Fonvielle, V. — La science britannique en 1868, discours inauguraux, par J. D. Hooker et Sabine, V. — Congrès médical d'Oxford en 1868, par Lorain, VI. — La Société royale d'Edimbourg de 1783 à 1811, par Christison, VI. — Histoire de la Société Huntérienne de Londres, par Fotherby, VII.

Les congrès scientifiques en Allemagne et en Angleterre; le congrès d'Innsbrück, par Arch. Geikie, VII.

RÉCENTES PUBLICATIONS

BAGEHOT. **La constitution anglaise**, traduit de l'anglais. 1869, 1 vol. in-18 de la *Bibliothèque d'histoire contemporaine*. 3 fr. 50

BARNI (Jules). **La morale dans la démocratie**. 1860, 1 vol. in-8 de la *Bibliothèque de philosophie contemporaine*. 5 fr.

BARNI (Jules). **Manuel républicain**. 1872, 1 vol. in-18. 1 fr. 50

BEAUSSIRE. **La liberté dans l'ordre intellectuel et moral**. Étude de droit naturel, 1866, 1 fort vol. in-8. 7 fr.

BEAUSSIRE. **La guerre étrangère et la guerre civile**. 1 vol. in-18 de la *Bibliothèque d'histoire contemporaine*. 3 fr. 50

BLANCHARD. **Les métamorphoses, les Mœurs et les Instincts des insectes**, par M. Émile BLANCHARD, de l'Institut, professeur au Muséum d'histoire naturelle. 1868, 1 magnifique volume in-8 jésus, avec 160 figures intercalées dans le texte et 40 grandes planches hors texte. Prix, broché. 30 fr.
Relié en demi-maroquin. 35 fr.

A. BLANQUI. **L'Éternité par les astres**, hypothèse astronomique. 1872, in-8. 2 fr.

BOERT. **La guerre de 1870-1871**, d'après le colonel fédéral suisse Rustow. 1 vol. in-18 de la *Bibliothèque d'histoire contemporaine*. 3 fr. 50

BOUCHUT et DESPRÉS. **Dictionnaire de Médecine et de Thérapeutique médicale et chirurgicale**, comprenant le résumé de la médecine et de la chirurgie, les indications thérapeutiques de chaque maladie, la médecine opératoire, les accouchements, l'oculistique, l'odontechnie, l'électrisation, la matière médicale, les eaux minérales, et *un formulaire spécial pour chaque maladie*. 1873. 2ᵉ édit. très-augmentée. 1 magnifique vol. in-4, avec 750 fig. dans le texte. 25 fr.

Éd. BOURLOTON. **L'Allemagne contemporaine**, 1872. 1 vol. in-18 de la *Bibliothèque d'histoire contemporaine*. 3 fr. 50

Éd. BOURLOTON et E. ROBERT. **La Commune et ses idées à travers l'histoire**. 1872. 1 vol. in-18. 3 fr. 50

CHALLEMEL-LACOUR. **La philosophie individualiste**. Étude sur Guillaume de Humboldt. 1864, 1 vol. in-18 de la *Bibliothèque de philosophie contemporaine*. 2 fr. 50

HERWORTH DIXON. **La Suisse contemporaine**, traduit de l'anglais. 1 vol. in-18 de la *Bibliothèque d'histoire contemporaine*. 3 fr. 50

Em. FERRIÈRE. **Le Darwinisme**. 1872, 1 vol. in-18. 4 fr. 50

HERBERT BARRY. **La Russie contemporaine**, traduit de l'anglais. 1873. 1 vol in-18 de la *Bibliothèque d'histoire contemporaine*. 3 fr. 50

PUBLICATIONS POLITIQUES.

HILLEBRAND. La Prusse contemporaine et ses institutions. 1867, 1 vol. in-18 de la *Bibliothèque d'histoire contemporaine.*   3 fr. 50

Em. DE LAVELEYE. Des formes de gouvernement dans les sociétés modernes. 1 vol. in-18 de la *Bibliothèque de philosophie contemporaine.*   2 fr. 50

LUBBOCK. L'homme avant l'histoire, étudié d'après les monuments et les costumes retrouvés dans les différents pays de l'Europe, suivi d'une description comparée des mœurs des sauvages modernes, traduit de l'anglais par M. Ed. BARBIER, avec 156 figures intercalées dans le texte. 1867. 1 beau vol. in-8, broché.   15 fr.
Relié en demi-maroquin avec nerfs.   18 fr.

LUBBOCK. Les origines de la civilisation. 1873. 1 vol. grand in-8 avec figures. Traduit de l'anglais.   12 fr.

J. MICHELET. Le Directoire et les origines des Bonaparte. 1872, 1 vol. in-8.   6 fr.

PARIS (comte de). Les Associations ouvrières en Angleterre (Trades-Unions). 1869, 1 vol. gr. in-18.   2 fr. 50
Édition populaire. 1 vol. in-18.   1 fr.
Édition sur papier de Chine : brochée.   12 fr.
— reliée.   20 fr.

TAXILE DELORD. Histoire du second empire, 1848-1870 :
1869. Tome Ier, 1 fort vol. in-8.   7 fr.
1870. Tome II, 1 fort vol. in-8.   7 fr.
1872. Tome III, 1 fort. vol. in-8.   7 fr.

VALMONT. L'espion prussien. 1872, roman traduit de l'anglais. 1 vol. in-18.   3 fr. 50

VÉRON (Eug.). Histoire de la Prusse depuis la mort de Frédéric II jusqu'à la bataille de Sadowa. 1867, 1 vol. in-18 de la *Bibliothèque d'histoire contemporaine.*   3 fr. 50

L'armée d'Henri V. — Les bourgeois gentilshommes de 1870. 1 vol. in-18.   3 fr. 50

Enquête parlementaire sur l'insurrection du 18 mars. Rapports, dépositions des témoins, pièces justificatives. 1 vol in-4 à 3 colonnes.   16 fr.

Enquête parlementaire sur les événements du 4 septembre.   (*Sous presse.*)

Annales de l'Assemblée nationale. Compte rendu *in extenso* des séances, annexes, rapports, projets de lois, propositions, etc. Prix de chaque volume.   15 fr.
Les cinq premiers volumes ont paru.

Paris. — Imprimerie de E. Martinet, rue Mignon, 2.

ÉTUDES CONTEMPORAINES
Vol. in-18 à 3 fr. 50

L'Armée d'Henri V. Les Bourgeois gentilshommes de 1871. 1 vol.
L'Espion prussien, par M. V. VALMONT. Roman trad. de l'anglais. 1 vol.

BIBLIOTHÈQUE DE PHILOSOPHIE CONTEMPORAINE.
Volumes in-18 à 2 fr. 50. — Cartonnés, 3 fr.

H. Taine.
Le Positivisme anglais, Stuart Mill. 1 vol.
L'Idéalisme anglais, étude sur Carlyle. 1 vol.
Philosophie de l'art. 1 vol.
Philosophie de l'art en Italie. 1 vol.
De l'Idéal dans l'art. 1 vol.
Philosophie de l'art dans les Pays-Bas. 1 vol.
Philosophie de l'art en Grèce. 1 vol.

Paul Janet.
Le Matérialisme contemporain. 1 vol.
La Crise philosophique. 1 vol.
Le Cerveau et la Pensée. 1 vol.

Odysse Barot.
Lettres sur la philosophie de l'histoire. 1 vol.

Alaux.
La Philosophie de M. Cousin. 1 vol.

Ad. Franck.
Philosophie du droit pénal. 1 vol.
Philosophie du droit ecclésiastique. 1 vol.
Philosophie mystique au XVIIIe siècle. 1 vol.

E. Saisset.
L'Ame et la Vie. 1 vol.
Critique et histoire de la philosophie. 1 vol.

Charles Lévêque.
Le Spiritualisme dans l'art. 1 vol.
La Science de l'invisible. 1 vol.

Auguste Laugel.
Les Problèmes de la nature. 1 vol.
Les Problèmes de la vie. 1 vol.
Les Problèmes de l'âme. 1 vol.
La Voix, l'Oreille et la Musique. 1 vol.
L'Optique et les Arts. 1 vol.

Challemel-Lacour.
La Philosophie individualiste. 1 vol.

Charles de Rémusat.
Philosophie religieuse. 1 vol.

Albert Lemoine.
Le Vitalisme et l'Animisme de Stahl. 1 vol.
De la Physionomie et de la parole. 1 vol.

Milsand.
L'Esthétique anglaise, John Ruskin. 1 vol.

A. Véra.
Essai de philosophie hégélienne. 1 vol.

Beaussire.
Antécédents de l'hégélianisme dans la philosophie française. 1 vol.

Bost.
Le Protestantisme libéral. 1 vol.

Francisque Bouillier.
Du Plaisir et de la Douleur. 1 vol.
De la Conscience. 1 vol.

Ed. Auber.
Philosophie de la médecine. 1 vol.

Leblais.
Matérialisme et spiritualisme. 1 vol.

Ad. Garnier.
De la morale dans l'antiquité. 1 vol.

Schœbel.
Philosophie de la raison pure. 1 vol.

Beauquier.
Philosophie de la musique. 1 vol.

Tissandier.
Des Sciences occultes et du spiritisme. 1 vol.

J. Moleschott.
La Circulation de la vie. 2 vol.

L. Büchner.
Science et Nature. 2 vol.

Ath. Coquerel fils.
Des premières transform. du christianisme. 1 vol.
La Conscience et la Foi. 1 vol.
Histoire du Credo. 1 vol.

Jules Levallois.
Déisme et Christianisme. 1 vol.

Camille Selden.
La Musique en Allemagne. 1 vol.

Fontanès.
Le Christianisme moderne, Lessing. 1 vol.

Saigey.
La Physique moderne. 1 vol.

Mariano.
La Philosophie contemporaine en Italie. 1 vol.

E. Faivre.
De la variabilité des espèces. 1 vol.

Letourneau.
Physiologie des passions. 1 vol.

J. Stuart Mill.
Auguste Comte et le Positivisme. 1 vol.

Ernest Bersot.
Libre philosophie. 1 vol.

Albert Réville.
Histoire du dogme de la divinité de Jésus-Christ. 1 vol.

W. de Fonvielle.
L'Astronomie moderne. 1 vol.

C. Coignet.
La morale indépendante. 1 vol.

E. Boutmy.
Philosophie de l'architecture en Grèce. 1 vol.

E. Vacherot.
La science et la conscience. 1 vol.

Ém. de Laveleye.
Essai sur les formes de gouvernement. 1 vol.

Herbert Spencer.
Classification des sciences. 1 vol.

www.ingramcontent.com/pod-product-compliance
Lightning Source LLC
Chambersburg PA
CBHW060518090426
42735CB00011B/2276